Samir Khalil Samir/Michaela Koller

Muslime und Christen

Geschichte und Perspektiven einer Nachbarschaft

Samir Khalil Samir/Michaela Koller

Muslime und Christen

Geschichte und
Perspektiven
einer Nachbarschaft

Sankt Ulrich Verlag

Die Autoren danken Dr. Peter Paul Bornhausen für die Übersetzung des Kapitels *Die kulturelle Rolle der Christen in der arabischen Welt* aus dem Französischen, Felizitas Küble für das Korrekturlesen sowie Michael Widmann und Dr. Dirk Hermann Voß für ihren Einsatz zum Zustandekommen des Buchprojekts.

Von Prof. P. Samir Khalil Samir erschien bereits im Sankt Ulrich Verlag

100 FRAGEN ZUM ISLAM
Warum wir die Muslime nicht fürchten müssen

Bibliographische Information der Deutschen Bibliothek

Die Deutsche Bibliothek verzeichnet diese Publikation in der Deutschen Nationalbibliographie; detaillierte bibliographische Daten sind im Internet über http://dnb.ddb.de abrufbar.

© 2011 by Sankt Ulrich Verlag GmbH, Augsburg
Alle Rechte vorbehalten
Titelbild: © lillisphotography
Umschlaggestaltung: uv media werbeagentur
Mediengruppe Sankt Ulrich Verlag, Augsburg
Druck und Bindung: Bercker Graphischer Betrieb GmbH & Co. KG, Kevelaer
Printed in Germany
ISBN 978-3-86744-180-3
www.sankt-ulrich-verlag.de

*Für Papst Benedikt XVI.
und Prinz Hassan ibn Talal von Jordanien,
in tiefer Dankbarkeit für ihre herausragenden
Beiträge zu einem wahrhaftigen Dialog*

Inhalt

Pater Samir Khalil Samir und der christliche Orient   9

Die kulturelle Rolle der Christen in der arabischen Welt   43
    Einleitung   43
    Die muslimische Eroberung und das Phänomen
    der Akkulturation   49
    Die arabische christliche Theologie zu Beginn der Abbasiden   56
    Das Goldene Zeitalter: die zwei ersten abbasidischen
    Jahrhunderte   59
    Das Goldene Zeitalter: die Epoche der Reife   66
    Ibn Al-Tayyib († 1043), ein vielseitiger Denker   72
    Die Ablösung durch die Muslime in der Wissenschaft und
    der Philosophie   75
    Die intellektuelle Renaissance: Wiederentdeckung der
    Antike in Italien und in Europa   80
    Die religiöse Renaissance: das Konzil von Trient (1545–1563)   85
    Das Maronitische Kolleg von Rom (1584)   90
    Die Ankunft der Missionare und die Vorboten der
    Renaissance in Aleppo (17.–18. Jahrhundert)   95
    Die *Nahdah* (19. Jahrhundert)   101
    Schlussfolgerung   105
    Anmerkungen   110

Das Gespräch mit den Muslimen 113
Dialog – Möglichkeiten und Grenzen 113
Gott und Allah – Theologie im Vergleich 120
Der Dialog im politischen Kontext 125
Das Phänomen des Islamismus 130
Joseph Ratzinger – Papst Benedikt XVI. und der Dialog mit dem Islam 138
Ökumenische Streitfragen und der Dialog mit dem Islam 154
Gesetze, vom Schöpfergott ins Herz der Menschen eingeschrieben 162

Pater Samir Khalil Samir und der christliche Orient
von Michaela Koller

Das Päpstliche Orient-Institut

Die hohe Tür zum *Pontificio Istituto Orientale* (PIO), dem Päpstlichen Orient-Institut an der römischen Piazza Santa Maria Maggiore, öffnete sich schließlich doch. So lange hatte ich davor gewartet, dass ich beim Anblick der in der Mittagssonne glitzernden barocken Kirchenfassade in einen Tagtraum abgetaucht war. Ein zierlicher älterer Geistlicher, der gerade das Haus verlassen wollte, stellte sich mir zunächst in den Weg. Er fragte dann höflich nach meinem Besuchsgrund: Ich hatte einen Termin mit Pater Samir Khalil Samir, Professor am selbigen Institut, Islamwissenschaftler und einer der führenden Kenner der arabischen Autoren christlichen Bekenntnisses. „Bitte warten Sie, er kommt bald", wurde ich gebeten und dabei in ein kleines Besprechungszimmer mit glänzendem Parkett im ersten Stock des gelben Gebäudes geführt.

Am PIO, wo Jesuitenpater Samir im vergangenen Semester über „Christus und Maria im Koran" lehrte, wird der christliche Osten erforscht. Die Bibliothek mit ihren etwa 180.000 Bänden, darunter rund 700 Zeitschriften, soll die beste der Welt auf ihrem Gebiet sein, mit griechischen, arabischen, syrischen, koptischen, armenischen, georgischen und kirchenslawischen Texten. Studenten aus beinahe 40 Ländern, in jedem Jahr etwa 400, können Geschichte, Theologie, Patrologie, Liturgie oder Kanonisches Recht belegen. Rund 20 Prozent von ihnen sind orthodox, darunter auch der Grieche Dimitrios Archondonis, der heute besser bekannt ist als der 270. Nachfolger des Apostels Andreas, Bartholomaios I., Ökumenischer Patriarch von Konstantinopel.

Auch für die Beschäftigung mit der zweiten großen Weltreligion des Orients ist unter dem Dach des PIO Platz: dem Islam, der ausgehend von der Arabischen Halbinsel im 7. Jahrhundert einen beispiellosen militärischen Siegesfeldzug antrat und schließlich die Oberhand in der Region gewann. Wohl an kaum einem anderen Institut wird Kirchenrecht und Scharia zugleich gelehrt. Seit ihrer Gründung im Jahr 1917 durch Papst Benedikt XV. ist die Einrichtung immer mehr zu einer Brücke zwischen westlichen und orientalischen Christen geworden. Inzwischen studierten dort auch mehr als 100 katholische Priester aus dem arabischen Raum, für die teilweise eigene Kollegien errichtet wurden.

Der Islam und die Gewalt - Der Anschlag von Alexandria

Ich saß nun schon eine Weile im Polsterstuhl des Besprechungszimmers und war nicht sonderlich überrascht, dass mein Gesprächspartner noch etwas mehr Zeit benötigte. Samir ist nicht nur als Autor und Redner, sondern auch als Interviewpartner und Kommentator äußerst gefragt. Und das galt an diesem Januartag ganz besonders: Nur 36 Stunden zuvor, in der Neujahrsnacht, hatte eine schreckliche Bluttat in der ägyptischen Küstenstadt Alexandria viele Menschen erschaudern lassen: Ein Attentäter hatte ein Auto vor die Kirche der Heiligen (Al Kiddissin) gefahren, wo zur Mitternachtsmesse hunderte Menschen versammelt waren. Eine Fernzündung löste die Explosion der Bombe in dem Wagen aus, die 24 Menschen an Ort und Stelle in den Tod riss und Dutzende verletzte.

Noch nie zuvor hatte ein Anschlag auf die koptischen Christen so blutig geendet. Ein Superlativ der Gewalt, der die Überlebenden sowie die internationale Öffentlichkeit entsetzt und ratlos zurückließ. Viele Medienvertreter suchten bei Pater Samir eine detaillierte und differenzierte Analyse der Hintergründe: Von ihm, der in Ägypten aufgewachsen ist, den Vatikan im Dialog mit den Muslimen berät und mit seinen Thesen zur Gewalt im Islam international bekannt wurde.

„Der Jesuit, der die Ideen des Papstes zum Islam anregte"

Das US-amerikanische *Time Magazine* titelte über den Wissenschaftler im März 2009: „Der Jesuit, der die Ideen des Papstes zum Islam anregte". Ich hole den Artikel noch einmal aus meinen Unterlagen hervor, denn dieser Beitrag war es, der meine Neugierde geweckt hatte, lange bevor der Sankt Ulrich Verlag mich für das vorliegende Buchprojekt mit ihm gewann. Später sollte ich noch feststellen, wie zutreffend und dicht der Autor Denken und Rolle Samir Khalil Samirs nachgezeichnet hat.

Der Bericht erzählt zunächst vom ersten Treffen des Ratzinger-Schülerkreises mit dem damals drei Monate amtierenden Papst Benedikt XVI. in Castel Gandolfo. Der Islamwissenschaftler war damals eingeladen, die zentrale Ansprache zu halten. Als sich etwas mehr als ein Jahr später die muslimische Welt über ein einzelnes Zitat des spätmittelalterlichen byzantinischen Kaisers Manuel II. Palaiologos in der Regensburger Rede Papst Benedikts XVI. entrüstete, sei Samir einer „der ersten und unerschütterlichsten Verteidiger" der Ausführungen des katholischen Oberhauptes über den Islam gewesen. „In der Tat waren dies dieselben Ideen, für die Samir seit Jahren eintrat", heißt es in dem Artikel von Jeff Israely. Als Beleg verweist er auf den in der Originalausgabe 2002 in Genua unter dem Titel „Cento domande sull'islam" erschienenen Band, also weit vor der Rede in der Universität von Regensburg am 12. September 2006. Die Übersetzung der Interviews mit Giorgio Paolucci und Camille Eid kam ebenfalls im Sankt Ulrich Verlag heraus: „100 Fragen zum Islam" (2009).

Israely zitiert Samir mit einem Satz über den zeitgenössischen Islam: „Bestimmte Dinge müssen geklärt, Zweideutigkeiten müssen behoben werden, um zu einer Lesart des Koran zu gelangen, die die heutige Kultur auf der Grundlage der Menschenrechte berücksichtigt." Dass diese Bedingung bei ihm zentral ist, verstehe ich zunehmend deutlicher während meines eigenen Interviews mit diesem Wanderer zwischen der westlichen und der östlichen Welt. Die Religionsfreiheit ist auch Papst Benedikts Herzensanliegen.

„Unter den universalen Rechten nehmen Religions- und Gewissensfreiheit einen besonderen Platz ein, da sie die Quelle der anderen Freiheiten darstellen", sagte der Pontifex in einer Ansprache anlässlich der Überreichung des Beglaubigungsschreibens des iranischen Botschafters Ali Akbar Naseri im Oktober 2009. Allein in den ersten Wochen des Jahres 2011 forderte er diese mindestens dreimal öffentlich ein.

„Es ist nicht so, dass er durch mich inspiriert wurde", stellte Pater Samir gegenüber Jeff Israely klar. „Wir haben nur dieselbe Denkrichtung zu dieser Frage. Ohne ein Spezialist auf dem Gebiet des Islam zu sein, verfügt Seine Heiligkeit über eine weite Kultur und ein enormes Wissen in menschlichen und internationalen religiösen Angelegenheiten, die es ihm ermöglichen, die muslimische Welt zu analysieren", erklärte er. Es ist gleichsam so, als hätten da zwei Bergsteiger über unterschiedliche Wände denselben Berg erklommen und seien sich schließlich am Gipfel begegnet. Der Artikel endete mit dem prophetischen Satz: „Für den ersten Papst seit 9/11 gilt, dass allein die Geschichte Richter über Benedikts Analyse der Muslime und sein Handeln ihnen gegenüber sein wird." Wie sehr der Journalistenkollege doch recht behalten sollte, zeigte sich noch im weiteren Verlauf bei den Unruhen und Revolutionen in der arabischen Welt.

Die Nahost-Synode

Als „Salz der Erde" kommt den Christen der Region dabei eine besondere Rolle zu. Geradezu symbolisch war das Bild eines demonstrierenden ägyptischen Vaters auf dem Midan Tahrir (Platz der Freiheit) während der jüngsten Revolution am Nil: Er trug sein Kind auf den Schultern, während es ein Kreuz und einen Halbmond aus Styropor hochhielt. Obwohl der koptische Papst Schenuda III. seine Gläubigen vor der Teilnahme an den Anti-Mubarak-Protesten warnte, standen ägyptische Christen bei den Aufständen Seite an Seite mit ihren muslimischen Landsleuten, für bessere Lebensverhältnisse, aber auch für mehr Freiheit und einen Anschluss an die Moderne. Sie treten vor allem für die Abschaffung des Artikels 2 in der Verfassung ein, der die Scharia als Hauptquelle des ägyptischen Rechts benennt, sowie für mehr Beteiligung entsprechend ihrer demographischen Präsenz. Diese Bestimmung steht einem zivilen, religiös neutralen Staat im Weg, den sich die Kopten wünschen.

Die gesellschaftliche Rolle der Christen erfassten bereits die Väter der Nahostsynode, die vom 10. bis 24. Oktober 2010 im Vatikan tagte. Papst Benedikt hatte ein Jahr zuvor die Synode der katholischen Bischöfe aller Riten der Region unter dem Motto „Die katholische Kirche im Nahen Osten: Gemeinschaft und Zeugnis" einberufen. Und auch hier wirkte Pater Samir in vorderster Reihe mit: Er war federführend bei der Erstellung der „Lineamenta" (Leitfragen) und des „Instrumentum Laboris" (Arbeitspapiers). Während der Versammlung verriet er mir in einem Interview, das wir im Vatikan führten: „Die Christen in der Region, die als Minderheit unter Muslimen leben, sehen sich in dieser Situation zu einer kulturellen und auch politischen Mission aufgerufen, um Demokratie und Menschenrechte zu fördern." Trotz des starken Auswanderungsdrucks gibt diese Aufgabe dem Ausharren einen Sinn. Der sunnitische Muslim Mohammed El-Sammak, der politischer Berater des libanesischen Großmuftis ist und vor den Synodenvätern sprechen durfte, stellte fest: „Die Christen haben bereits sehr viel für die arabische Kultur und Sprache geleistet." Sie haben El-Sammak zufolge Ideen wie die der Laizität und der Gedanken- und Gewissensfreiheit gefördert und zudem viel zur Entwicklung der Parteienlandschaft und demokratischer Institutionen beigetragen. Dort, wo in den arabischen Gesellschaften Versöhnungsprozesse stattfinden, sei die Idee der Vergebung von den Christen gekommen. Die Stellungnahme El-Sammaks, sagt Samir, habe jene Gruppe der Christen gestärkt, die von einer Zusammenarbeit mit den Muslimen überzeugt ist. Sie seien dazu ermuntert worden, gemeinsam mit ihren islamischen Landsleuten für eine politische, wirtschaftliche und soziale Entwicklung einzutreten, berichtete Pater Samir im Oktober 2010.

An diesem Sonntag aber möchten wir uns über seinen Lebensweg an der Schnittstelle zwischen Orient und Okzident, Muslimen und Christen, christlicher Theologie und Islamwissenschaft unterhalten, der ihn zum Dialogexperten geradezu prädestiniert. Dass er auf einen reichen Erfahrungsschatz zurückgreifen kann, ist der Grund, warum ihn Universitäten, Akademien, Gemeinschaften und Gemeinden europaweit und darüber hinaus gerne als Redner anfragen. Plötzlich höre ich auf dem Gang eine vertraute sanfte Männerstimme meinen Namen rufen. Unverkennbar nähert sich Pater Samir: „Wie lange warten Sie denn schon?" fragt er mich mit einem Anflug ungespielter Sorge. Ich versuche, ihm diese zu nehmen: „Nicht sehr lange. Ich habe mich auch noch vorbereitet."

Geboren im modernen Kairo

„Hätten Sie zunächst gerne einen Kaffee?" fragt er einladend. Im Refektorium komme ich gleich auf den Artikel im *Time Magazine* zu sprechen und die Frage, inwiefern er Papst Benedikt mit seiner Sicht auf den Islam inspiriert hat. Die Darstellung des amerikanischen Kollegen bestätigt er: „Einige Ideen in der Regensburger Rede waren mir vertraut und ich teile sie", sagt er schlicht. Ja, im Jahr 2005 habe er auch in Castel Gandolfo gesprochen. „Beim Essen durfte ich neben dem Heiligen Vater sitzen", berichtet er weiter. „War das Ihre erste persönliche Begegnung?" frage ich, als wir in der Küche stehen. „Nein, ich habe ihn bereits vor Jahrzehnten kennengelernt", lautet die Antwort, als der Pater gerade dabei ist, einen mit gemahlenem Kaffee randvollen Metallfilter in die Vorrichtung einer dieser monströsen Kaffee-Maschinen einzuhängen, wie sie überall in den Kaffeebars der Ewigen Stadt zu sehen sind. Die philippinische Küchenhilfe lächelt, hinter uns putzend, zu der Szene.

Pater Samir gelingt es schnell, die Neugierde seines Gegenübers zu wecken. So frage ich ihn: „Was verbindet Sie miteinander, und vor allem, was verbindet Sie mit Deutschland?" „Einige Schicksalsmomente meines Lebens habe ich in Deutschland verbracht". Von seinen Lebensstationen in Ägypten, in Frankreich, im Libanon und Großbritannien habe ich schon gehört. Aber wo er so gut Deutsch gelernt hat, interessiert mich nun. Der Pater beginnt, mir von seinem Leben zu erzählen, das gleich mit zwei Sprachen begann: Arabisch und Französisch. Frankreich war einst Schutzmacht der Christen im Osmanischen Reich und in den vornehmen christlichen Familien gehörte es zum guten Ton, auch mit den Kindern Französisch zu sprechen. Das Land, aus dem Samirs Familie drei Generationen zuvor hergekommen war, der Libanon, gehörte bis 1916 als autonome Provinz zum Reich des Kalifen in Istanbul. Bevor die Gegend französisches Mandatsgebiet wurde, war die Familie schon längst von dort fortgezogen, nach Haifa, Beirut und ein Zweig eben nach Kairo.

„Wir waren Ägypter und sprachen ägyptischen Dialekt", erzählt Samir wie aus einem fernen Leben. Nur in heißen Monaten, um der drückend-schwülen Luft der Nil-Metropole zu entkommen, reiste die Familie zur Sommerfrische ins Land der Vorfahren. Samir wuchs als zweiter von drei Brüdern in einem Wohnhaus mitten in Kairo auf, in der Straße Kasr El-Nil. Bis zum Midan Talaat Harb (Talaat Harb Platz) waren es rund fünf Minuten zu Fuß und bis zum Midan Tahrir, auf dem im Februar 2011 Geschichte geschrieben wurde, benötigte die Familie damals eine Viertelstunde.

Über diese Straßenzüge mit ihren zahlreichen Belle-Epoque-Gebäuden erstreckt sich das wirtschaftliche Herz der Stadt mit seinen Banken, Geschäften, Fluggesellschaften, Traditionsrestaurants und Cafés, darunter das jedem Ägyptenreisenden bekannte Café Groppi am Midan Talaat Harb, damals Midan Soliman Pascha. Dessen Art-Déco-Interieur lässt noch heute den Glanz früherer Zeiten erahnen. Der osmanische Khedive Ismail Pascha ließ das Viertel zwischen der Weltausstellung in Paris und der Eröffnung des Suezkanals Ende der 1860er Jahre errichten, angeregt durch die Stadtplanung der französischen Hauptstadt und als ein sichtbares Symbol für Anschluss seines Landes an die Moderne. Diese beschränkte sich aber de facto auf die Oberschicht.

Miteinander dreier Weltreligionen

Heute zieht sich dort eine unaufhörlich anschwellende Blechlawine über die Fahrbahnen der sternförmig auseinanderstrebenden Straßen, die die Passanten mit orientalischer Popmusik aus dem Autoradio und dauerndem Hupen beschallt. Die Familie wohnte gleich beim Midan Mustafa Kamel, der zum Zeitpunkt der Geburt Samirs am 10. Januar 1938 noch Midan Suares hieß, benannt nach einer führenden jüdischen Bankiersfamilie. Viele Juden lebten in der Nachbarschaft. An das einstige Miteinander dreier Weltreligionen kann sich der Pater noch heute erinnern. „Ganz in der Nähe unseres Hauses befand sich auch die Synagoge."

Mit der Teilung Palästinas und der Gründung Israels endete das Zusammenleben mit vielen Nachbarn jüdischen Glaubens. Im Jahr 1958 sollten nur noch ungefähr halb so viele Juden am Nil leben wie ein Jahrzehnt zuvor. Sie waren schon in den Jahren vor der Verkündung der UN Resolution Nr. 181 am 29. November 1947, des Teilungsplans für Palästina, mit zunehmendem Antisemitismus im Land konfrontiert. Nun wurden sie auch noch mit dem Feindstaat Israel identifiziert. Da war etwas, was Samir auch mehrere Jahrzehnte später noch nicht verstand: Er fragte sich, warum Politik und Religion im Nahen Osten so oft vermischt werden und derart selbstverständlich davon ausgegangen wird, dass ein Ägypter Muslim und ein Jude Israeli sei.

In diesen Jahren Mitte der Vierziger, Samir war noch ein Junge von sieben Jahren, saß er mit seiner Mutter eines Abends auf dem Balkon vor ihrem Zimmer. In den Räumen stand noch die Hitze des Tages und sie genossen einen eisgekühlten, süßen Hibiskustee in der frischen Abendluft. „Mama, ich will Priester werden", brach es aus ihm heraus. „Aber Kind, willst du denn nicht einmal heiraten?" Die Mutter entstammte zwar einer griechisch-katholischen Familie aus Damaskus, aber Samir war römisch-katholisch erzogen worden, in der Konfession des Vaters, der zunächst griechisch-orthodox war und später katholisch wurde. Wenn seine Tante den Jesuiten-Schüler Samir künftig fragte, was er einmal werden möchte, sprach er wieder über seinen Wunsch. „Aber deine Familie ist doch nicht arm", entgegnete sie. Sein Entschluss stand aber fest, er war endgültig.

Untergang und Neubeginn

An einem Samstag, zwei Wochen nach seinem 14. Geburtstag, als er gerade mit dem Fahrrad in Kairo unterwegs war, sah er am frühen Nachmittag plötzlich dicke, schwarze Rauchwolken über dem Stadtzentrum aufziehen. Es waren gleichsam Vorzeichen eines Untergangs und des Beginns einer neuen Zeit: Die britische Fremdherrschaft, die durch weitgehende militärische und politische Rechte de facto noch immer bestand, sollte ihrem Ende nahen. Zwei Monate zuvor hatte der damalige ägyptische Premierminister Mustafa el-Nahhas Pascha den anglo-ägyptischen Vertrag von 1936 aufgekündigt, der den Briten unter anderem die militärische Kontrolle der Zugänge zum Suezkanal sicherte. Die Spannungen zwischen Briten und nach voller Souveränität strebenden Ägyptern spitzten sich zu und entluden sich an jenem 26. Januar 1952 in Plünderungen und Brandschatzungen von Stätten, die zum Symbol für die Fremdbestimmung geworden waren, darunter das mondäne Shepheard's Hotel, in dem sich zahlreiche britische Armeeangehörige aufhielten. An jenem „Schwarzen Samstag" kamen mindestens 60 Menschen bei den Gewaltakten um, Hunderte wurden verletzt und ein großer Teil des modernen, wirtschaftlichen Herzens der Stadt ging in Flammen auf. Den gewalttätigen jugendlichen Aufrührern ging es nicht nur um Selbstbestimmung; sie waren auch über die weitverbreitete soziale Ungerechtigkeit aufgebracht.

Es dauerte nur noch genau ein halbes Jahr, bis die Freien Offiziere, unter ihnen Gamal Abdel Nasser, mittels eines Staatsstreichs die Abdankung von König Faruk erzwingen und einen Systemwechsel herbeiführen konnten. Erstmals seit vielen Jahrhunderten konnten so die Ägypter von Ägyptern regiert werden. Aber viele antikoloniale Bewegungen in jener Zeit erlagen der Versuchung des

Sozialismus, so auch die neue ägyptische Führungsriege. Mit der „Charta der Nationalen Aktion" Ägyptens von 1962 wurde eine Politik der Verstaatlichung forciert, die selbst kleine mittelständische Betriebe traf: Samirs Vater hatte zwei Geschäfte für englische Stoffe. „Sie wurden beide im Juli 1956 nationalisiert", erzählt er. „Diesen Schicksalsschlag überlebte er nur ein halbes Jahr." Im Dezember 1956 starb er an einem Herzinfarkt, wohl aus Gram und Sorge nach der Enteignung, wie sein Sohn annimmt.

Eintritt in die Gesellschaft Jesu

Das Lebenszeugnis der Jesuiten, denen Samir Khalil Samir als Schüler am *Collège de la Sainte famille* er in Kairo-Heliopolis begegnete, weckte seine Berufung für ein Leben in der Gesellschaft Jesu. Die 1879 gegründete Schule, die er ab 1943 zwölf Jahre lang besuchte, gibt es noch heute. Gleich nach dem Ende seiner Schulzeit im Jahr 1955 trat Samir Khalil Samir im Alter von 17 Jahren in den Orden des heiligen Ignatius von Loyola ein. Wenn es so aussieht, als sei sein Weg bereits als kleiner Junge bis in diese Tage vorgezeichnet gewesen, so täuscht dies: Mit dem Tag, an dem Samir sich auf den Weg zu seiner Ausbildungsstätte machte, begann seine Pilgerschaft zwischen Orient und Okzident, die er noch heute zwischen mehreren Lehr- und Forschungsstätten fortsetzt.

„Ich fuhr mit dem Zug durch das Nildelta hindurch zur Küste nach Alexandria", erzählt Samir mit seiner charakteristischen Stimme über den Beginn seines Ordenslebens. Am 6. Oktober 1955 lief dort sein Schiff nach Marseille aus. Ganze vier Tage dauerte die Überfahrt über das Mare Nostrum zu der südfranzösischen Metropole. „Ich wurde aber erst am 26. Oktober bei den Jesuiten erwartet und so erkundete ich erst einmal ganz Frankreich", berichtet er weiter. Ursprünglich einer staubigen und niemals schlafenden Metropole am Wüstenrand entstammend, landete er nun in einem provenzalischen Landsitz aus Naturstein, drei Kilometer außerhalb von Aix-en-Provence, umgeben von einem Pinienwald, in dem sich vornehme Damen dem Reitsport widmeten. Dort war der Sitz der Gemeinschaft von der Unbefleckten Empfängnis und das theologische, spirituelle und kulturelle Zentrum dieser Ordensprovinz der Jesuiten. Und von hier aus nahm er sein Studium der Theologie am Jesuitenkolleg Fouvrière auf dem gleichnamigen Hügel in Lyon auf. Er erlebte dort, wie im Jahr nach seiner Ankunft der bedeutende Mitbruder Pater Henri de Lubac zurückkehren durfte, der 1943 zusammen mit Pater Jean Daniélou und Pater Claude Mondésert, ebenfalls beides Jesuiten, die Sammlung patristischer Texte „Sources chrétiennes" mitbegründet hatte. Der Fundamentaltheologe hatte wegen seiner Gnadenlehre von seinem Ordensgeneral acht Jahre Lehrverbot auferlegt bekommen und musste zeitweilig auch die Ordensprovinz verlassen. Der spätere Kardinal durfte erst zwei Jahre nach seiner Rückkehr seine Lehrtätigkeit wieder aufnehmen. „Als ich dort ankam, schrieb er weiterhin an seinen Büchern. Er sprach nie viel und fiel unter den rund 150 Mitbrüdern durch seine ruhige Art auf", erinnert sich Samir. Bald schon verließ der Ägypter den Süden Frankreichs gen Norden, wo er im niederländischen Maastricht eine weitere moderne Sprache erlernte.

„Ich hatte 1957 inzwischen nach Rom geschrieben, dass ich der koptisch-katholischen Kirche angehören möchte", erinnert sich der Pater, der schon im Noviziat die koptische Tradition entdeckt hatte. „Sie können ihre Entscheidung für den Ritus bei der Weihe hinzufügen", hieß es in einer Antwort." „Es ist für mich mehr als die praktische Frage, welchen Ritus ich zelebriere. Vielmehr ist es ein innerer Entschluss. Ich bin Ägypter, die ägyptische Kirche ist koptisch. Das ist meine Identität", lautete wiederum seine entschlossene Reaktion. Es dauerte zwei Jahre, bis das zuständige römische Dikasterium seinen Wechsel zum koptischen Ritus zuließ. „Weil es meine Identität ist, habe ich immer versucht, die koptische Tradition zu vertiefen", erklärt er.

Als zweites Fach, neben der Theologie, studierte Samir Philosophie: Griechische Antike, Scholastik und Moderne, alles in kürzester Zeit. Privat las er noch arabische Philosophie, darunter die bekannten Autoren Avicenna und Averroes. „Was willst du damit machen? Das ist passé – eine tote Lehre", wurde er ermahnt. Bald schon bereitete er sich auf seine erste Dissertation vor: „Ich habe mich darin mit dem größten und bekanntesten unter den arabischen Denkern beschäftigt, Al Ghazali." Abu Hamid Mohammed ibn Mohammed al-Ghazali (1058–1111) lehnte aber Philosophie als einen Weg zur Wahrheit ab. „Er war darüber besorgt, dass das heidnische Denken den islamischen Glauben verderbe", erklärt Samir. Erst später sollte es ihm immer klarer werden, welche Verengung diese Haltung in der islamischen Geistesgeschichte bedeutete. Aber einstweilen absolvierte Pater Samir in überdurchschnittlicher Geschwindigkeit und mit Bestnoten sein Propädeutikum – der Weg war frei zu einer Dissertation über Al Ghazali, dem er sich philologisch näherte.

„Während ich eine kritische Bearbeitung seiner *Ihyâ' 'ulûm ad-dîn,* der 40 Bücher über die Wiederbelebung der Religionswissenschaften, verfasste, stellte ich fest, dass ich dazu Deutschkenntnisse benötigte", erzählt er. Er wollte Orientalisten von Weltrang im Original lesen können. Es war im Sommer 1958. Der damalige Pater Provinzial war gleichermaßen pragmatisch wie streng. „Bringen Sie das Deutschbuch wieder zurück. Was wollen Sie damit? Wir brauchen Sie für die Mission in Ägypten!" Gehorsam fügte sich Samir. Der frankophone Ägypter sollte nach seiner Überzeugung ordentlich Englisch lernen. So entsandte ihn Pater Provinzial alsbald zum Heythrop College in Oxfordshire, einer vier Jahrhunderte alten theologisch-philosophischen Ausbildungsstätte der Jesuiten nahe der Shakespeare-Geburtsstadt Stratford-upon-Avon: „Obwohl ich noch nicht viel verstehen konnte, fuhr ich zu einer Theateraufführung dorthin, um dies zu erleben", weiß der Pater heute noch zu berichten. Seit den siebziger Jahren ist das Jesuitenkolleg, das im Laufe seiner wechselvollen Geschichte an immer wieder anderen Orten untergebracht war, unter gleichem Namen in London beheimatet. Bei Samirs Eintreffen dort befand es sich auf einem englischen Landsitz, der ihm einen Vorgeschmack auf Rom gab: in klassisch-barocker Pracht architektonisch durch Gian Lorenzo Bernini inspiriert. Die Kapelle, in der er und seine Mitbrüder die heilige Messe feierten, stand dort, wo einst der Adel Tennis spielte. Im Jahr 1969 zogen die Jesuiten mit der Einrichtung fort und seit einigen Jahren wird dort Golf gespielt.

Schlüsselmoment in München

Seinem Ziel, Deutsch zu lernen, blieb Pater Samir treu. Die Ausdauer lohnte sich: Ein Wechsel in der Leitung stand 1962 an. Ein neuer Provinzial bedeutete tatsächlich eine neue Chance: „Lernen Sie Deutsch, soviel Sie möchten, solange es kein Geld kostet", war dessen schlichte Antwort. Kein Geld für einen Sprachaufenthalt zu bekommen, war für den jungen Ägypter Samir kein Problem: Per Autostopp reiste er bald von Südfrankreich in Richtung München. In der Nähe der bayerischen Landeshauptstadt fand er im Ferienmonat August Aufnahme im Pullacher Berchmanskolleg. Die Einrichtung war 1925 von dem Jesuiten Augustin Bea gegründet worden, der wenige Jahre zuvor in München Provinzial der damals neu gegründeten Oberdeutschen Ordensprovinz der Jesuiten war. Aus einer Arbeit Kardinal Beas aus dem Jahr 1960 ging die Erklärung Nostra Aetate hervor. Auch prägte er das Dokument über die Religionsfreiheit Dignitatis humanae. Das Berchmanskolleg war Vorläufer der heutigen Hochschule für Philosophie.

Pater Samir erinnerte sich an seine Ankunft dort, die beinahe 50 Jahre zurückliegt: „Ich konnte dort erst mit niemandem sprechen, weil alle in den Ferien waren." Er begann, für sich allein Deutsch zu lernen, das er heute flüssig mit einer leicht frankophonen Satzmelodie spricht. Nach ein paar Tagen wurde es ihm zu still im ländlichen Pullach. Er machte sich auf nach München. Das Provinzialat lag zu dem Zeitpunkt, wie heute, in Schwabing. Drückend schwüle Luft lag über dem Uni- und Szeneviertel am nördlichen Rand der Innenstadt. Die Umgebung der Ludwig-Maximilians-Universität kam dem jungen Ägypter bei seinem ersten Besuch äußerst ruhig vor. Erst einige Wochen zuvor hatten sich dort die Schwabinger Krawalle ereignet, dem Vorläufer der 68er-Bewegung. Zehntausende militante Studenten, Auszubildende und junge Arbeiter hatten vier Abende lang in den Schwabinger Straßenzügen gewütet, während die Polizei versucht hatte, sie mit Pferden und Schlagstöcken zu stoppen.

Von den Sachbeschädigungen auf dem Schlachtfeld war nun nach der Ankunft Pater Samirs nichts mehr zu sehen. Schwanthalers steinerne Darstellungen Thukydides', Homers, Aristoteles' und Hippokrates' vor der Bayerischen Staatsbibliothek saßen unerschütterlich vor dem Blankziegelbau. Pater Samir eilte an ihnen vorbei und – was er damals noch nicht ahnen konnte – einem Wendepunkt seines Lebens entgegen. Kaum war die schwere Eingangstür hinter ihm zugefallen, erkundigte er sich zielstrebig nach der orientalischen Abteilung. Um die großen deutschen Orientalisten verstehen zu können, war er hergekommen. Nun wollte er gleich seine Sprachkenntnisse anhand ihrer Werke erweitern – learning by doing.

„In der Abteilung für orientalische Sprachen war kein Mensch, außer einem Benediktiner in seinem Habit. Und ich trug auch eine Soutane", schilderte Samir die erste Begegnung. „Er kam zu mir und fragte, was ich mache. Darauf antwortete ich, dass ich über Ghazali arbeitete." Der Benediktiner, der sich später als Pater Bernhard vorstellen sollte, zog sich schweigend zurück. Einen Tag später kam er dann auf den Jesuiten zu und fragte: „Warum Ghazali? Warum studieren alle arabische Christen immer den Islam und nicht die christlichen arabischen Denker?" Samir wusste darauf nicht recht zu antworten: „Wer sind diese christlichen arabischen Denker?" Wieder schwieg der Benediktiner.

Diesmal ging er an ein Regal, das hinter dem Jesuiten stand, und zog einige dicke Folianten heraus: „Georg Graf. Geschichte der christlichen arabischen Literatur". Band 1 bis Band 5, insgesamt 2.400 Seiten. „Das war am 22. August 1962", erinnerte sich der Pater. „Es war die Wende in meinem intellektuellen Leben." Der Priester und Orientalist Georg Graf publizierte eine große Zahl zuvor unveröffentlichter arabischer Werke. Sein fünfbändiges Werk gilt bis heute als das Standardwerk für diejenigen, die die christliche arabische Literatur erforschen. „Ich konnte es noch nicht verstehen, nur die Titel und die Namen", erzählt der Pater, wobei seine Stimme schneller und höher wird. Er begann in der Staatsbibliothek damit, zunächst alle arabischen Zitate zu lesen. „Seitdem habe ich gedacht, ich muss diese Literatur suchen." Es gibt Tausende christlich-theologische Handschriften und Publikationen auf Arabisch, die in 13 Jahrhunderten entstanden sind, ein unerschöpflicher Reichtum, den Samir gerade zu entdecken begann. Zwei Perioden waren dabei herausragend: das achte bis 14. Jahrhundert und das 17. Jahrhundert bis in die Gegenwart. „Ich beschäftige mich vor allem mit den Texten der ersten Periode. Sie sind total unbekannt", sagt Samir, dessen Stimme beim „unbekannt" plötzlich ganz hoch geht: Sein Enthusiasmus ist nicht zu überhören.

Pater Bernhard, den er erst viele Jahre später in seinem Kloster in Maria Laach suchte, erfuhr nie, wie er Samirs Leben verändert hat. „Als ich schließlich eines Tages dort hinkam und nach ihm fragte, sagte man mir, er sei gestorben", erzählt Samir und hält für einen Moment schweigend inne. Für den Jesuiten war die Begegnung der Beginn einer langen Reise durch die Geschichte der griechisch geprägten christlich-arabischen Spätantike.

Samir Khalil Samirs Verdienst ist es seither, entscheidend mitgeholfen zu haben, diese Kultur und ihr Erbe der Vergessenheit zu entreißen. Zudem hat er wieder in Erinnerung gerufen, welchen intensiven Austausch es zwischen Christen und Muslimen einst gab und mit welcher geistigen Weite sie einander begegnen konnten. Einer der Höhepunkte dieser Zeit ist der Autor Yahya ibn Adi, der zwischen 950 und 974 der große Meister der griechischen Philosophie war und damit rund ein Vierteljahrhundert *der* führende Aristoteliker.

Zurück in Kairo

Samir hatte gerade zwei Jahre lang diesen neuen Weg beschritten, als ihn im wahrsten Sinne des Wortes die Heimat rief – er sollte zum Militärdienst zurückkehren. Ägypten hatte in jüngerer Zeit bereits zwei Kriege, im Jahr 1948 und 1956, hinter sich und war unter dem charismatischen Präsidenten Gamal Abdel Nasser zur Führungsmacht in der muslimisch-arabischen Welt aufgerückt; eine Befreiung für alle Priester und Ordensleute vom Dienst an der Waffe war jedoch 1964 noch nicht vorgesehen. Um seine staatsbürgerliche Pflicht erfüllen zu können, ließ sich der junge Pater von seinem Orden dafür freistellen. Aber auch in diesem Fall kam eine überraschende Wendung, wie schon zuvor und auch später in seinem Leben.

Auf dem Weg zum Armeestandort war der Jesuit als Priester durch die Soutane erkennbar. Im überfüllten Linienbus ergab sich daher, wie dies schon öfter der Fall war, ein Gespräch mit einem anderen Fahrgast. Samir berichtete von seiner Einberufung. „Lebt Ihr Vater noch?" fragte der Mann ihn, der sich als Offizier der ägyptischen Armee vorstellte. Samir erzählte, dass er schon Jahre zuvor gestorben ist. „Haben Sie Brüder?" wollte sein Gegenüber wissen. „Ja, zwei", antwortete der Pater. „Was machen die?" Der Mitreisende ließ nicht locker. „Sie sind emigriert", reagierte er. „Das ist gut. Dann haben Sie eigentlich keine Brüder und sind derjenige, der für seine Mutter sorgen muss und können nicht zur Armee." Samir war verblüfft.

„Kommen Sie mit mir, ich helfe Ihnen weiter", bot ihm der Offizier an. Sie schoben sich durch das Gedränge Richtung Tür, um auszusteigen. Es war gegen zehn Uhr morgens, als sie zusammen das Militärgelände betraten. Gegen ein Uhr mittags war Samir quasi vom Dienst an der Waffe befreit; es galt nur noch einige Urkunden, die die Familiensituation belegten, nachzureichen. „Die Frau hat in unserer Gesellschaft immer jemanden an ihrer Seite; sie kann nie für sich allein sein", kommentiert Samir heute schmunzelnd die Regelung, die ihm damals davor bewahrte, die Soutane gegen die Uniform tauschen zu müssen. Von der Bestimmung hätte er ohne die entscheidende Begegnung im Bus nie erfahren. „In Ägypten läuft zudem alles durch Freundschaft", erklärt er. Zum Glück hatte er jemanden kennengelernt, der jemanden kannte. Der Junikrieg 1967 blieb ihm so erspart. „Es war die Vorsehung Gottes, das ich im Bus diesen Menschen traf", sagt er.

In den darauffolgenden Jahren blieb Pater Samir dennoch fest in Ägypten stationiert: In der Hauptstadt, im mondänen Stadtteil Maadi, wo sehr viele Europäer und Amerikaner wohnen, unterrichtete er am koptischen Priesterseminar. Zudem betreute er Jesuitenschüler. Obwohl er sehr eingespannt war, ließ er keine Gelegenheit verstreichen, im koptischen Museum alte Handschriften zu studieren. Auch durfte er im Patriarchat der orthodoxen Kopten nach Fundstücken suchen. Mit den Jahren sammelte sich eine beachtliche Menge an Exzerpten diese koptischen Kostbarkeiten bei ihm an: Damals natürlich noch nicht elektronisch, sondern mühsam und ohne Sicherheitskopie, auf Karteikarten. Nach und nach gelang es ihm auch, das eine oder andere Original zu erwerben.

Es fügte sich, dass die Jesuiten im Land am Nil ihrem Mitbruder in den folgenden Jahren für ihn bislang unbekannte Aufgaben zugedacht hatten, die ihm aber besonders entsprachen: Zunächst war da sein Einsatz für die *Association de Haute Egypte pour l'éducation et développement,* der Vereinigung für Bildung und Entwicklung in Oberägypten" (AUEED). Die 1940 von den Jesuiten gegründete Einrichtung unterhält inzwischen seit mehr als 70 Jahren Grund- und weiterführende Schulen sowie Einrichtungen zur beruflichen Bildung und Gesundheitsvorsorge. Ziel der 1940 von dem ägyptischen Jesuitenpater Henry Ayrout ins Leben gerufenen Vereinigung ist die Förderung der Ärmsten der Gesellschaft durch ländliche Entwicklung, über die dieser 1938 bereits eine bahnbrechende Studie veröffentlichte. „Wir bauen unsere Schulen auf dem Land nicht nur, um Kleinbauern Bildung zu vermitteln, sondern weil wir hoffen, dass die Schulen die Dörfern beleben wie das Herz einen Körper", sagte der 1969 verstorbene Mitbegründer und erste Leiter Pater Ayrout.

Pater Samir erinnert sich an seinen Einsatz in den 60er Jahren: „Sieben Jahre lang habe ich jeden Monat ein paar Tage in Oberägypten verbracht, um da mitzuwirken." Lächelnd fügt er hinzu, die soziale Arbeit sei „eine wunderbare Erfahrung" gewesen. Der Gelehrte tauschte zeitweise die Schreibmaschine gegen die Spitzhacke ein, lernte Brunnen und Kanäle zu bauen und den einfachen Menschen diese und andere für das Überleben auf dem Land wichtige Fähigkeiten zu vermitteln. Dem Islamwissenschaftler ermöglichte diese Zeit tiefe und vielschichtige Einblicke in die reale gesellschaftliche Situation des bevölkerungsreichsten arabischen Landes. Samir wirkte schließlich bei einem Alphabetisierungsprojekt mit, das sich mit einer damals gerade neu in Lateinamerika erprobten Methode, angewandt in Abendkursen, an Erwachsene richtete.

„Irgendwann bemerkten wir, dass immer mehr junge Leute und Kinder teilnehmen wollten, also eben auch viele Schüler darunter waren", erzählt er. „Sie waren teilweise in der 6. Schulklasse, konnten aber immer noch nicht lesen und schreiben." Der Pater forschte nach, wo einige der Kursteilnehmer zur Schule gingen. Er machte sich eines Vormittags auf den Weg dorthin und wollte mit der Direktorin sprechen. Es war ein Tag mit ganz gewöhnlichem Schulbetrieb. Die Türen zu den Klassenzimmern standen weit offen. Die Kinder saßen eng aneinander gerückt um die abgewetzten Tische. Hinter ihnen, an den Wänden, löste sich der Putz. Samir fragte sich zum Schulsekretariat durch, konnte dabei im Lärm kaum sein eigenes Wort verstehen. Man ließ ihn dort eine Weile warten, dann bat ihn schließlich eine Sekretärin, für ein Gespräch mit der Leiterin doch lieber donnerstags zwischen elf und zwölf Uhr noch einmal vorbeizuschauen.

Der Pater trat wieder auf den Korridor hinaus. Von dort beobachtete er, wie zwei Lehrerinnen im Innenhof schwatzend in der Sonne standen, während zu ihnen das Geschrei und der Krach aus den Klassenzimmern herunter drang. Derweil tobten ihre Schüler weiter. „Seit der Revolution war es bergab gegangen. Das, was eine Lehrkraft bekam, reichte nicht zum Überleben. So gaben sie sich mit dem Unterricht keine Mühe, sondern zogen lieber zusätzliche Einkünfte aus Nachhilfestunden", erklärt der Pater die seltsame Szene heute. Die Direktorin war nur einmal in der Woche dort erreichbar, weil sie nebenher noch eine Privatschule zu betreuen hatte. „Die Schulkinder wurden automatisch versetzt, ihre Leistungen nicht ernsthaft geprüft. Schätzungsweise 70 bis 80 Prozent davon lernten so nie Lesen und kamen daher abends zu uns", berichtet er weiter.

Das Alphabetisierungsprojekt lief alsbald in Kooperation mit der ägyptischen Regierung, die Material zur Verfügung stellte. „Ich erhielt Kreide und eine Rute und fragte, wofür ich denn Letztere benötige", erinnert sich Samir „Die ist für die Klasse", hieß die Antwort des Regierungsmannes. Körperstrafen im Unterricht einzusetzen war nicht nur erlaubt, sondern an staatlichen Schulen in Ägypten zu der Zeit weit verbreitet, und wie Samir erfuhr, hat sich daran bislang nichts geändert. Das Ausmaß erlebte Pater Samir damals drastisch: In seinem Unterricht saß eine Frau, die ernsthaft glaubte, nicht ohne Hiebe lernen zu können. Er hatte gezielt einen Kurs für verheiratete Familienmütter angeboten: „Die Mutter ist in den Familien für die Erziehung verantwortlich. Wenn sie Analphabetin ist, kann sie mit den Kindern nach der Schule nicht die Hausaufgaben machen", schildert er seine damalige Überlegung. Er bat eine sanftmütige Nubierin, die paradoxerweise Harbiyya, Kämpferin, hieß, im Viertel von Haus zu Haus zu gehen, um für das Unterrichtsangebot unter den Familienmüttern zu werben. Vor allem galt es auch, die Ehemänner davon zu überzeugen, damit sie die Frauen zu den Abendkursen gehen ließen.

Unter den Geworbenen war eine Familienmutter, an deren Namen sich Pater Samir heute nicht mehr entsinnen kann. Sie hatte sich im Unterricht wissbegierig gezeigt, dennoch war sie eines Tages plötzlich verschwunden. Er fragte seine Schülerinnen nach ihr. Die Kameradinnen waren ebenso ratlos. Eines Tages traf er aber die Frau zufällig und fragte sie, warum sie den Kurs abgebrochen hatte. Sie antwortete ruhig mit ernstem Blick: „Ich komme nicht mehr, denn sie schlagen nicht." Auf alles war der Lehrer gefasst, nur auf diese Antwort nicht. „Natürlich nicht" entgegnete er leicht entrüstet. „Ich bin eine Eselin, ich lerne durch die Haut", fuhr sie beharrlich fort. So viele Menschen guten Willens, Ägypter wie Ausländer, ganz besonders Christen verschiedener Konfessionen, hatten sich lange für die Emanzipation der Armen eingesetzt, für mehr Gerechtigkeit und soziale Mobilität, um Angehörigen unterer Schichten Chancen zu ermöglichen und die traditionell strengen sozialen Gegensätze, die in Ägypten noch über den Geschlechterrollen herrschen, zu mildern. Die Jesuiten speziell hatten sich im Bereich der Bildung und ländlichen Entwicklung hervorgetan.

Und nun musste Pater Samir sich nicht nur vorhalten lassen, dass er als Lehrer nicht genug durchgriff. Er sollte dazu auch noch entwürdigende Körperstrafen einsetzen. Pater Samir ließ sich in diesem Moment jedoch nur das Versprechen abringen, strenger zu sein. Die Frau kam tatsächlich wieder zum Unterricht: Es war ihr offenbar ernst. Und der Jesuit wandte eine List an, quasi einen Psychotrick: Jedes Mal, wenn sich eine falsche Antwort ihrerseits nur andeutete, hob er eine Rute in der Hand leicht an und versuchte nach Kräften, streng dreinzublicken. Die zahlreichen Zuhörer, die den Pater in den letzten Jahren bei seinem Vortragsreisen erlebt haben, können sich ihn in dieser Pose sicherlich schwer vorstellen, da er sein Gegenüber aus Augen mit großer, mokkabrauner Iris in der Regel wohlwollend-freundlich anblickt. Damals aber wirkte sein Auftreten bei seinem Sorgenkind: Ohne einen einzigen Hieb lernte sie schließlich Lesen und Schreiben: „Sehen Sie, Sie sind keine Eselin", sagte er ihr zum Abschied. Wenn er heute darauf besteht, dass Christen und Muslime zu einem gemeinsamen Menschenrechtskatalog kommen müssen, dann mögen ihn besonders die Erfahrungen mit den Armen in Ägypten zu seinem Standpunkt geführt haben, zu seinem Plädoyer für die gemeinsame Annahme des Menschen als Ebenbild Gottes.

Gleichzeitig war er ein Gelehrter geblieben: Sein Karteikarten-Archiv mit den Exzerpten war auf rund 18.000 Stück angewachsen. „Ich hatte zudem angefangen, mir eine christlich-arabische Bibliothek aufzubauen", berichtet er. „Sie umfasste auch eine kleine Handschriftenabteilung, einschließlich *De Fide Orthodoxa* des Kirchenlehrers Johannes von Damaskus und eines Kommentars zu Briefen des Apostels Paulus des Jesuitenpaters und Exegeten Cornelius a Lapide, im 18. Jahrhundert von einem Maroniten aus dem Lateinischen ins Arabische übersetzt."

Ioannis Damascenus (650–754) gilt nach katholischer Tradition als letzter Kirchenvater; Dogmatik und Apologetik waren die Schwerpunkte seines Werkes. Papst Leo XIII. ernannte ihn 1890 zum Kirchenlehrer und Patron der Theologiestudenten des Ostens. Johannes wuchs im islamischen Reich auf und der spätere Kalif Yazid I. war wohl sein Spielkamerad. Er kannte sich nicht nur in Astronomie, Algebra, Geometrie sowie Logik und Metaphysik des Aristoteles aus, sondern war auch mit den islamischen Schriften sehr vertraut. Er war es, der die These formulierte, Religionsstifter Mohammed sei von einem nestorianischen Mönch beeinflusst gewesen. Er betonte, dass die Offenbarung des Koran außer vom islamischen Propheten von niemandem sonst bezeugt worden sei.

Pater Samir hütete also diese und andere christlich-arabische Kostbarkeiten in Kairo. „Dann kam der 8. Mai 1971", sagt er und holt tief Luft. Er weilte zu dem Zeitpunkt wegen eines ökumenischen Gesprächs des Middle East Council of Churches in Beirut, wo er auch Bischof Anba Samuel kennengelernt hatte, einer beeindruckenden Persönlichkeit innerhalb der koptischen Orthodoxie. Der Kopte war in den fünfziger Jahren als Vertreter seiner Kirche im christlich-muslimischen Dialog im Vorfeld der ersten Staatskrise in den Libanon entsandt worden und hatte sich nach seiner Bischofsweihe 1962 ebenso stark für Arbeitslose wie im Friedensdialog eingesetzt. So wurde auch er zur Zielscheibe der Islamisten, die am 6. Oktober 1981 bei der Militärparade den ägyptischen Präsidenten Anwar Sadat ermordeten und auch den Bischof bei dem Attentat tödlich trafen.

Während nun Pater Samir beeindruckende Begegnungen wie mit diesem Bischof in der libanesischen Hauptstadt erlebte, ahnte er noch nicht, was zugleich in Kairo geschah und ihm eine schwere Prüfung auferlegen sollte: „Wo wir lebten, war an dem Maitag ein großes Feuer ausgebrochen. Es griff auch auf meine Bibliothek über und vernichtete einfach alles, alles, meine jahrelange Arbeit", erklärt er heiser.

Am Scheideweg

Der Verlust seiner Bibliothek und seines Archivs löste in ihm nicht nur Schmerz, sondern vor allem eine tiefe Ratlosigkeit aus: „Ich wusste nicht, was das für mich bedeuten sollte." Samir fragte sich, ob es ein Zeichen von Gott sei, ein Fingerzeig hin zu einem anderen Dienst an einem anderen Platz. „Es war für mich noch nicht entschieden, nicht doch noch in Richtung sozialer und pastoraler Arbeit zu gehen. Ich fragte mich, ob Gott dies von mir wollte." Auch schloss er nicht aus, dass er zwar weiterhin wissenschaftlich forschen sollte, aber mit einem anderen, weniger philologischen Schwerpunkt. Viele Menschen bat er in dieser Zeit der Verunsicherung um Rat: Aber niemand vermochte es, ihm die Antwort auf seine eigentliche Frage zu stellen: „Was ist denn Gottes Wille?" Er harrte aus und lehrte weiter in Kairo und zudem in Beirut, wo er in den Jahren 1971 bis 1975 alljährlich jeweils zwei Monate lang an der Université Saint-Joseph Christlich-Arabische Patrologie und an der maronitischen Université de Saint Esprit (Heilig-Geist-Universität) in Kaslik Orientalische Liturgie lehrte.

Im Jahr 1973 war in dem inzwischen 35-jährigen Jesuiten die Überzeugung gereift, dass er für eine Weile innehalten müsse, nicht zuletzt auch aus dem praktischen Grund, seine Deutschkenntnisse zu vertiefen. „Ich hatte einen Aushang gelesen, dass in Regensburg Stipendien für orientalische Christen ausgeschrieben waren", erinnert er sich. Neue Hoffnung brannte in ihm auf, Hoffnung auf Klarheit über die Berufung in der Berufung. Er fragte schriftlich an und eine Antwort kam prompt: In dem Brief aus Regensburg wurde dem Jungwissenschaftler grünes Licht für einen Lehraufenthalt an der dortigen Universität gegeben. Im September desselben Jahres brach er schließlich von seiner ägyptischen Heimat zu einer Reise Richtung Bayern auf.

Er konnte nicht ahnen, wie sehr dabei sein späterer Wirkungsweg geebnet werden sollte. „Ich überlegte mir damals, dass ich auf dem Weg auch in Rom Halt machen könne, um den Pater General um Rat in meiner Situation zu fragen und ich schrieb ihm." Es war der 8. September 1973, das Fest Mariä Geburt, als sich Pedro Arrupe, als Generaloberer damals für rund 30.000 Jesuiten zuständig, für Samirs persönliches Anliegen Zeit nahm. Dem Pater, der am 6. August 1945 als Missionar in einem Vorort von Hiroshima den Abwurf der Atombombe überlebte, wurde eine tiefe Frömmigkeit und ein beeindruckendes Charisma nachgesagt. „Ich erinnere mich, dass ich in unserem Gespräch sehr stark die karitative Arbeit betonte und was sie für das arme Ägypten bedeutet, denn mich da einzusetzen war das, was ich mir eigentlich wünschte." Seine wissenschaftliche Arbeit, so argumentierte Pater Samir, bringe vielleicht erst in 50 Jahren Früchte.

Der Jesuitengeneralobere erbat sich fünf Minuten, um über die geschilderte Situation nachzudenken. „Ich sah ihn daraufhin in einer Ecke niederknien und beten. Es waren tatsächlich fünf Minuten vergangen, da kehrte er zurück", erinnert sich der Jesuit nach fast vierzig Jahren. Die karitative Arbeit sei sehr wichtig, pflichtete Pater Arrupe seinem jüngeren Besucher zunächst bei. Aber er wandte ein, dass viele Menschen, gerade auch Laien, sich in dem Bereich einsetzen könnten. „Jedoch diese Arbeit über das christliche arabische Erbe, in die Sie soviel investiert haben, kann niemand sonst leisten. Sie haben gesagt, dass man dies in fünfzig Jahren benötigt. Deshalb sollte man heute damit anfangen", zeigte sich der Ordensgeneral überzeugt. Obwohl er gehofft hatte, etwas anderes zu hören, überzeugte die Antwort Pater Samir. „Sie sollte mir künftig wie ein Leuchtturm auf hoher See meinen Weg erhellen. Wenn ich mal nicht weiter wusste, erinnerte ich mich an Pater Arrupes Worte." Und für die Beschäftigung mit der orientalistischen Fachliteratur lohnte es sich erst recht, Deutsch zu lernen, wofür er anschließend nach Regensburg weiterreiste.

Begegnung in Regensburg

Dort angekommen, gab es für ihn ein raues Erwachen. Das Angebot eines Stipendium richtete sich laut Aushang an orientalische Christen und Samir hatte sich als koptischer Katholik beworben. Dem Rektor der katholischen Fakultät stellte er sich als Jesuit vor. „Jesuit?" fragte dieser erstaunt. „Wenn Sie Jesuit sind, sind Sie kein Orientale." Der Pater erklärte ihm, dass in Ägypten eine kleine Minderheit von unierten Katholiken lebt. „Das habe ich in späteren Jahren oft erlebt. Die Leute glauben, orientalische Christen sind immer orthodox und Katholiken müssten also westliche Christen sein." Das Stipendium, so entgegnete ihm der Professor, sei aber ausschließlich Orthodoxen vorbehalten. Es handele sich leider um ein Missverständnis. Samir war zumute, als ziehe ihm jemand den Boden unter seinen Füßen weg. „Es war einer der schlimmsten Momente in meinem Leben. Ich kam aus einer anderen Welt und kannte dort niemanden. Nur einmal im Leben habe ich geweint. Das war damals in Regensburg", gesteht er. Er wusste nicht, warum er den weiten Weg vom Nil an die Donau kommen musste, um diese Enttäuschung zu erfahren. Und vor allem wusste er nicht, wie es nun weitergehen sollte. Er konnte doch nicht einfach unverrichteter Dinge wieder kehrtmachen. Auch wollte er sein Deutsch verbessern, unbedingt. „Am Ende kamen wir zu einem Kompromiss: Ich erhielt zumindest Kost und Logis im Priesterseminar frei."

Wie er während seines Aufenthaltes seine Sprachkenntnisse erweitern sollte, blieb ihm überlassen. Die Situation war schwierig, denn er war total auf sich gestellt. „Zwei Tage dauerte es, bis mir endlich jemand das Refektorium zeigte." Die Kontaktaufnahme zu den meisten Seminaristen gestaltete sich kompliziert: „Sie sprachen nur Bayerisch. Ich verstand kein Wort", erzählt er. „Ich dachte, ich suche an der Uni irgendeinen Kurs, ein Kolloquium, das für mich interessant ist und in dem ich gezwungen war, die deutsche Sprache praktisch anzuwenden." Pater Samir bezog sein Quartier und hielt Ausschau.

Die Zeit der Suche nach einer geeigneten Veranstaltung an der Uni war zermürbend. Endlich entdeckte er ein Kolloquium, das ihn neugierig machte. „Die Mehrheit der Teilnehmer waren Lateinamerikaner. Es ging um die Theologie der Befreiung." Der Professor, der sich den Fragen der Doktoranden dazu stellte, hieß Joseph Ratzinger. Hier sollte er dem späteren Papst Benedikt XVI. erstmals begegnen, dem Papst, vor dem er mehr als ein Vierteljahrhundert später eingeladen werden sollte, über den Islam zu referieren. Pater Samir schmunzelt, während er sich diese erste jahrzehntelang zurückliegende Begegnung wieder ins Gedächtnis ruft.

Eine sehr bezeichnende Begebenheit kommt ihm in den Sinn, bezeichnend für die Offenheit dieses Papstes, sich mit anderen Positionen auseinander zu setzen: In einer Sitzung war der damalige griechisch-orthodoxe Bischof von Thessaloniki zu Gast. Bei der Gelegenheit kam unter den Studenten im Kolloquium eine antirömische Stimmung auf. Zweifel waren zu vernehmen, ob im Vatikan überhaupt die Armut in der Welt wahrgenommen werde. Am Ende fragte Professor Ratzinger den Bischof: „Exzellenz, Sie haben gar nichts gesagt. Darf ich Sie um einen Kommentar bitten?" Dieser antwortete: „Heute habe ich mehr über die katholische Kirche gelernt als je zuvor." Auf Rückfrage ergänzte er: „Ich habe alles Mögliche pro und contra Rom zu hören bekommen, so viel, dass es mein Verständnis vom Primat des Papstes völlig verändert hat", holte er aus und fuhr, an die Studenten gewandt, fort: „Was Sie hier teilweise so einfach über den Papst sagen dürfen, darf ich nicht über meinen Erzbischof in Athen sagen - und wir haben keinen Primat."

Erforschung des christlichen Orients

Allmählich beherrschte Samir die deutsche Sprache immer besser. Nach seinem mehrmonatigen Aufenthalt in Europa waren wichtige Weichen gestellt. In den nächsten Jahren konnte er Entscheidendes auf dem wissenschaftlichen Kerngebiet der arabischen christlichen Literatur beitragen, vor allem durch emsiges Netzwerken: Diese Befähigung sei bei dem Pater sehr ausgeprägt, urteilten Gastgeber des gefragten Redners wiederholt. Er bewies dies bereits bei seiner früheren Betätigung im Alphabetisierungsprojekt. Am 12. Februar 1975 folgte er einem Ruf an das Pontificio Istituto Orientale in Rom, um zu diesem Schwerpunkt zu forschen, ein zweites Mal zu promovieren und schließlich zu lehren. „Sie haben also auf Italienisch antike christliche Texte, die im Original auf Arabisch verfasst waren, vorgestellt und analysiert?" möchte ich konkret wissen.

„Nein!" widerspricht der Pater lebhaft. „Ich war der erste, der an einem Päpstlichen Institut auf Arabisch promoviert hat. Ich wollte doch beweisen, dass dies eine christliche Sprache ist, genauso wie Polnisch oder Englisch." Vor allem, so betont er, ginge es ihm seit seiner ersten Begegnung mit seinem Forschungsschwerpunkt darum, aufzuzeigen, dass die arabischen Christen mindestens im gleichen Maße Araber sind wie die Muslime, dass sie einen festen Platz in der Kulturgeschichte des Nahen Ostens haben. Obwohl er in der Region aufgewachsen war, kam er erst durch die Begegnung mit Pater Bernhard in der Münchner Staatsbibliothek zu der Erkenntnis: „Christen und Muslime in den arabischen Ländern haben zwar verschiedene Religionen, aber gemeinsame arabisch-kulturelle Wurzeln." Seither möchte er diese Entdeckung in die Welt hinaus tragen. „Und diese Botschaft muss man natürlich wissenschaftlich begründen können", sagt er. Samir entdeckte immer mehr auf seinem Fachgebiet: Weitere Verfasser, unbekannte Texte, andere Tendenzen. „Meine Vision ist es auch, den reichen Schatz der arabischen Philosophie zu erschließen", ergänzt er.

Den Rektor des Pontificio Istituto Orientale hatte er im Sommer 1974 bei einer weiteren ökumenischen Konferenz im Libanon kennengelernt. Es war wieder eine für Pater Samir typische Situation: Er hatte erneut jemanden an entscheidender Stelle so schnell wie nachhaltig von seiner Arbeit überzeugen können. „Wir benötigen genau jemanden wie Sie. Können Sie für ein paar Wochen zu uns kommen?" fragte der PIO-Leiter Pater Samir in einer Kaffeepause. Nur ein Jahr zuvor hatte er noch am Scheideweg gestanden, jetzt ebnete sich ihm der Weg zu dem Institut, das über die beste Bibliothek der Welt zum christlichen Orient verfügte. Und aus einigen Wochen wurden Jahrzehnte. Bis zur Drucklegung dieses Buchs hat der Professor noch kein einziges Semester am PIO zu lehren versäumt. „Dort fand ich alles, was ich suchte. Ich war so froh", sagt er und betont das „so" dabei extra lang. Es ging ihm aber mit der Zeit noch um etwas anderes: Er hatte festgestellt, dass seine Forschungen, so sie in Arabisch veröffentlicht wurden, in der Heimat wenig Widerhall fanden. Die Ergebnisse mussten erst im Westen bekannt sein, um dann in den arabischen Ländern ihre Wirkung entfalten zu können. Dabei war es neben deren Veröffentlichung wichtig, die

Erkenntnisse zu lehren und in Vorträgen zu vermitteln, an junge angehende Wissenschaftler und Wissenschaftlerinnen oder Priester weiterzugeben. „In Rom kann ich mehr arabische Priester erreichen als in Beirut, Damaskus oder Kairo, denn sie kommen dort aus allen Ländern hin", sagt er. In dem Bewusstsein gestärkt, dass sie als Christen im Laufe der Jahrhunderte Wesentliches zur arabischen Kultur beigetragen haben, kehren sie zurück in ihre Heimat. Seine Schülerinnen und Schüler, die bei ihm promoviert haben, geben das Wissen wiederum weiter. „In den USA gibt es inzwischen sogar eine eigene Vereinigung zur Pflege meines Fachgebietes, die North American Society for Christian Arabic Studies", betont er. In Rom am PIO hat Professor Samir angehende Priester aus der gesamten arabischen Welt unter seinen Studenten. Er ist der Doktorvater mehrerer arabischer Bischöfe, darunter Louis Sako, Bischof aus dem nordirakischen Kirkuk, sowie der Bischof von Algier, Ghaleb Moussa Abdalla Bader.

Im Jahr 1976 war der Jesuit in Paris, wo er seit jenem Jahr am theologischen Zentrum der Jesuiten lehrte, zum Zweiten Internationalen Kongress für syrische Studien in der Nähe der französischen Hauptstadt eingeladen. Im Kreis der Syrologen schlug er vor, auch eine regelmäßige Zusammenkunft der Forscher arabischer christlicher Literatur zu organisieren und stieß dabei auf reges Interesse: Das Organisationskomitee schlug kurzerhand vor, einen Nachmittag im Rahmen der Veranstaltung dazu einzurichten. „Wir haben dann unseren ersten Minikongress abgehalten und beschlossen, ihn parallel zur Syrologentag mit weltweiter Beteiligung fortzuführen. Das läuft bis heute. Alle vier Jahre treffen wir uns auf Einladung einer Universität, mal in Cambridge, mal in Sydney, mal in Beirut, jedes Mal woanders", betont der Mitherausgeber der Coptic Encyclopedia. Parallel dazu hatte er die Idee, eine Fach-Zeitschrift zu gründen.

Um den Schlaf gebracht

Pater Samir lernte 1980 im PIO den damaligen melkitischen Bischof von Aleppo, Néophytos Edelby, kennen, der 1986 in die Katechismus-Komission des Vatikans berufen wurde. „Eine große Persönlichkeit in unserer Region", sagt er über den 1995 Verstorbenen. Der Jesuit bot ihm bei ihrer ersten Begegnung im Refektorium einen Kaffee an. „Nein, nein, ich will arbeiten", lehnte dieser dankend ab. Endlich, nach ein paar Tagen, ließ er sich doch einmal zu einem Espresso überreden. Als der Bischof den Pater fragte, womit er sich in seiner Forschung beschäftigte, erzählte dieser gerne von seinen christlich-arabischen Autoren. Edelby horchte auf: Davon hatte er noch nichts gehört. „Kein Problem", sagte Samir und gab ihm zwei Aufsätze mit. Am nächsten Tag rief Bischof Néophytos den Jesuiten an: „Sie müssen beichten. Sie haben mich vom Konsilium abgehalten, denn ich habe die ganze Nacht ihre Manuskripte gelesen. Wir müssen heute Abend zusammen essen." In einer Pizzeria fassten sie dann den gemeinsamen Entschluss, eine Buchreihe zu gründen, für die der weitsichtige Bischof Gelder beschaffte. Eine Schriftenreihe auf Arabisch, Englisch und Italienisch unter dem Titel „Arabisch-christliches Erbe", die er einige Jahre zuvor bereits in Ägypten begonnen hatte, konnte er endlich unter verbesserten Bedingungen fortsetzen. Es ist inzwischen ein Weltprojekt, das Italiener, Briten und US-Amerikaner aus seinem Fachgebiet mit einbindet. „Mittlerweile sind 28 Bände erschienen und sechs weitere in der Produktion", sagt er.

Gründung von CEDRAC

Sechs Jahre später sollte Pater Samir auf Wunsch seines Ordens die Zelte die Rom abbrechen und in den Libanon gehen, ein Aufbruch zu einer ungewissen, ja gefährlichen Mission mitten im Bürgerkrieg: Am 13. April 1975 waren im Libanon bei einem Angriff auf eine Kirche mehrere Menschen ermordet worden. Die Täter wurden nicht gefunden. Als Vergeltung überfielen christliche Milizen einen

Bus mit Palästinensern und richteten unter den Fahrgästen ein weiteres Blutbad an. Die Gewalt eskalierte noch mehr und mündete im Bürgerkrieg.

Ursache war ein zunehmender Konflikt zwischen prowestlichen Christen und arabischen Nationalisten sowie eine Verschiebung des religiösen Proporzes: Freischärler der Palästinensischen Befreiungsorganisation (PLO) waren 1971 aus Jordanien vertrieben worden, nachdem es dort seit dem Jahr zuvor wiederholt zu bürgerkriegsähnlichen Auseinandersetzungen gekommen war. Schließlich hatten sie im Libanon Zuflucht gefunden. Eine Verschiebung der realen Machtverhältnisse zugunsten der moslemischen Parteien war die Folge. Und auch Syrien mischte sich ein und entsandte Mitte 1976 Streitkräfte in den Libanon. Im Juni 1982 rückten zudem israelische Truppen dort ein, um gegen die PLO-Präsenz zu kämpfen. Die Israelis wichen ab dem darauffolgenden Jahr etappenweise zurück. Im Jahr vor Samirs Ankunft waren sie nur noch in der Sicherheitszone im Süden präsent.

Sechs Jesuiten waren seit Ausbruch des Kriegs dort umgekommen. Unter ihnen war Nicolas Kluiters, der zwei Jahre jünger als Samir Khalil Samir war und aus den Niederlanden kam. Er arbeitete mit der armen Landbevölkerung in maronitischen Ortschaften der Region Baalbek-Hermel, in der Bekaa-Hochebene im Osten des Landes. Für das Dorf Barqa hatte er Spender aus seiner Heimat mobilisiert, um zusammen mit den Einheimischen die Kirche renovieren, eine Schule sowie ein Haus für einen Schwesternkonvent erbauen zu können. Die Menschen waren ihm dankbar, nicht allein für das Geld. Er hatte sie auch als Dorfgemeinschaft gestärkt. Am Abend des 13. März 1985 warteten sie in Barqa vergeblich auf ihn, obwohl er nach der heiligen Messe im Krankenhaus von Hermel zu ihnen kommen wollte. Erst 17 Tage später wurde er gefunden: tot in einem tiefen Graben, grausam hingerichtet. Zwei Wochen vor seinem Martyrium schrieb er noch: „Christus brachte mich zurück nach Barqa, als wollte er mir damit sagen, die Frucht sei bald reif."

Eineinhalb Jahre später reiste Samir in den Zedernstaat ein, als der Krieg weiterhin tobte. „Es war schlimm für mich, alles, was ich in Rom aufgebaut hatte, zurück zu lassen, aber die Patres im Libanon waren erschöpft. Der Provinzial suchte Unterstützung, nicht zuletzt für den Aufbau eines Zentrums für christlich-arabische Studien. Er wollte in der Situation zeigen, dass die Christen genauso Araber sind wie die Muslime", erklärt der Jesuit. Erst mit der Zeit sollte er sehen, dass er Rom und das PIO nicht aufgeben musste und seine Präsenz im Nahen Osten ihm letztlich half, nun auch eine Brücke zwischen westlichen und arabischen Christen zu bauen. An einen geregelten Forschungs- und Lehrbetrieb war noch lange nicht zu denken. Zu seiner eigenen Sicherheit musste er in die Berge oberhalb der Hauptstadt ziehen. „Es fehlte an allem, auch an Büchern", erinnert er sich kopfschüttelnd. Zudem war er in dieser Kriegssituation mit dem Projekt alleingelassen.

Die Mitbrüder, die mit ihm in dieser Zeit dort ausharrten, verbargen sich wegen der Bombardements die meiste Zeit im Keller. Pater Alexandre sah fünf Jahre lang nicht die Sonne – aus Angst. „Wenn ich sterbe, dann lieber an meinem Schreibtisch", sagte sich Pater Samir, der versuchte, an einem Rest von Normalität, so weit dies überhaupt möglich war, festzuhalten. „Mit wenig Material tat ich, was ich konnte", resümiert er. Jede Woche fuhr er jeweils nach Beirut und Kaslik, um seine Kurse zu geben und riskierte so jedes Mal auf dem Fußweg, von Heckenschützen niedergeschossen zu werden, die ganze Straßenzüge kontrollierten. Auch reiste Pater Samir weiterhin mindestens zweimal im Jahr nach Europa, zum PIO in Rom und zum theologischen Zentrum der Jesuiten Centre Sèvres in Paris, um auch noch dort zu lehren. „Ich landete an einem Sonntagnachmittag von Rom kommend auf dem Flughafen von Beirut, der in der muslimischen Zone lag", beginnt Samir zu erzählen.

Jeden Nachmittag gegen drei Uhr nahmen die Milizen wieder ihre Gefechte auf. Der Professor hatte sich gedanklich noch nicht wieder auf den Krieg eingestellt. Durch seine Reiseeindrücke froh gestimmt, sang er sogar vor sich hin. Als er mit seinem großen Koffer auf den Ausgang zusteuerte, hielt ihn einer der syrischen Sicherheitskräfte an und fragte ihn nach seinem Ziel: Samir wollte so schnell wie möglich zur Jesuitenresidenz im Beiruter Stadtteil

Ashrafiyya, endlich ankommen und auspacken. Der Syrer stoppte noch einen Taxifahrer, der ihn daraufhin leutselig grinsend durchs Seitenfenster grüßte. Der Polizist verzog keine Mine. „Hinten funktioniert das Licht nicht", warnte er ihn scharf. Der Fahrer riss die Augen weit auf: „Was ist denn heute los? Wir sind doch im Krieg." Ob er den ägyptischen Pater, der aus Italien kommt, nach Ashrafiyya fahren kann, wollte er von ihm wissen. „Da fahre ich nicht hin", weigerte sich dieser. „Das Auto bleibt dann aber hier, bis es repariert ist", antwortete der Polizist in noch ernsterem Tom. „Fahr, soweit du fahren kannst, und suche ihm dann ein anderes Taxi, das ihn weiterbringt." Der Fahrer wiegte den Kopf hin und her und schwang sich schließlich aus dem Auto, um hinten Samirs Koffer zu verstauen. Als der Pater auf der Rückbank Platz genommen hatte, konnte er noch nicht ahnen, dass eine stundenlange Odyssee vor ihm lag.

Gleich mehrfach musste er seinen Begleiter wechseln, über so viele Umwege sich den konfessionellen Zonengrenzen nähern, durch schiitisch, sunnitisch und christlich beherrschte Stadtteile sich vortasten, um an den nächsten sicheren Übergang zu gelangen. Schließlich stand er mit seinem Koffer in der Nähe seines Ziels, etwa einen Kilometer entfernt, so schätzte er. „Wie komme ich von hier zu den Jesuiten?" wollte er von einem Mann wissen. „Sind Sie verrückt, da hinzugehen? Dort ist Krieg", bekam Samir als Antwort zu hören. In dem Moment sah er eine alte Frau bergab Richtung Meer sich mühsam den Gehsteig entlang schleppend. Er sprach sie an. „Wenn Sie ein wenig Geduld haben, dann können Sie mit mir kommen", bot sie ihm an. „Man hat mir gesagt, dass die Gegend umkämpft ist", beginnt er das Gespräch. „Ja, sie haben recht", antwortet die kleine gebückte Frau ganz ruhig. „Ich bin 84 Jahre alt und aus Griechenland gekommen, um hier nur nochmal meinen Sohn zu sehen. Ob ich heute oder morgen sterbe, das macht keinen Unterschied. Kommen Sie mit." In Begleitung dieser schicksalsergebenen Griechin kam er, von Heckenschützen verschont, auf 200 Meter an die Dependance der Jesuiten heran. „Ich habe in diesen Jahren beobachtet, dass fast alle Menschen aus dem Volk auf die eine oder andere Weise versuchten, anderen zu helfen", resümiert er heute.

Im Jahr 1990 unterbrach er seinen Aufenthalt, um ein Stipendium in Birmingham anzunehmen. Sein Ziel war, ein Forschungsprojekt über den christlichen Orient zu Ehren des chaldäisch-katholischen Theologen und Orientalisten Alphonse Mingana, der aus dem Nordirak stammte und 1937 in Birmingham starb, zu beginnen. „Ich habe dann die Mingana-Konferenzen begründet. Inzwischen haben wir fünf Tagungen veranstaltet", erzählt Samir weiter. Auch in diesem Fall münden die Kongresse in einer Publikation, die sich hauptsächlich an Forscher aus der anglophonen Welt richtet.

Als Samir im Jahr darauf wieder in den Libanon zurückkehrte, war der Krieg vorüber. „Ich konnte nach Beirut ziehen, endlich!" Die Arbeit am Institut CEDRAC, *Centre de documentation et de recherches arabes chrétiennes,* seinem Forschungs- und Dokumentationszentrum für arabisches Christentum, konnte er jetzt nun richtig verstärken. Es versteht sich in der Tradition des bedeutenden Forschers des christlichen Orients, Georg Graf, der 1955 in Dillingen starb, sowie dessen Lehrers und Pioniers auf dem Gebiet, Pater Louis Cheikho, ein Jesuit aus dem Irak. Das Zentrum gibt heute Publikationen heraus und richtet Seminare und Konferenzen aus. Den Forschern und angehenden Wissenschaftlern stehen über 23.000 Bücher und Multimedia-Einheiten zur Geschichte, Philosophie, Wissenschaft, Philologie und Religion des christlichen und islamischen Orients zur Verfügung.

Die Gesellschaft Jesu stellte dem Gründer dazu Räumlichkeiten im ersten Stock in ihrem Haus zur Verfügung. Er begann seine Arbeit dort zunächst mit einer einzigen Angestellten. Im 1996 gliederte die Beiruter Université Saint-Joseph die Einrichtung an die Alma Mater an, eine Anerkennung, um die sich der Professor zwar nicht bemüht hatte, für die er aber äußerst dankbar war: „Das war für mich eine große Hilfe." Endlich waren dringend erforderliche Anschaffungen möglich, wie etwa Computer oder die Erweiterung der Bibliothek, für die Samir noch heute emsig orientalistische Werke in beliebigen Sprachen sammelt. Und das CEDRAC füllte sich mit Leben: Weitere Mitarbeiter unterstützten den Pater nun. Aber er hatte weiter gesteckte Ziele: „Ich wollte Bücher herausgeben. Nach ein paar Jahren war auch dies wieder möglich."

Der Dialog mit dem Islam

Inzwischen war Pater Samir als Islamwissenschaftler und Theologe wiederholt gefragt worden, eine Brücke zwischen Christen und Muslimen zu bauen. Gerade im Libanon existieren Einrichtungen, die sich dem Pater zufolge hervorragend für den Dialog nutzen lassen, wie ein christliches Radio und ein christlicher Fernsehsender, Télé Lumière, der in den 80er Jahren gegründet wurde. Der maronitische Sender hatte sehr viel Erfolg mit einer Sendung, in der ein Priester und ein Imam miteinander über religiöse Themen diskutieren. „Ich war gebeten worden, das redaktionell vorzubereiten", berichtet Samir. Über Satellit sahen sich dies Libanesen zwischen Los Angeles und Riad an. Die telefonische Zuschaltung von Zuschauern machte das Programm spannend und beliebt.

„Ich persönlich habe durch diese Erfahrung gelernt, wie man diskutieren kann. Ich lernte, was Dialog bedeutet: Alles zu benennen, was wichtig ist, auch die unangenehmen Wahrheiten. Andererseits muss ich auch meinen Gesprächspartner schätzen, auch positive Aspekte ansprechen. Ein Kampf ist kein Dialog mehr", sagt Samir. So lernten beide Seiten voneinander. Seit Jahrzehnten suchen auch die jeweiligen Präsidenten des Päpstlichen Rates für den Interreligiösen Dialog das Gespräch mit dem ägyptischen Brückenbauer. Mit Jean-Louis Kardinal Tauran spricht Samir regelmäßig, dessen Mentalität ihm vertraut ist, ebenso wie mit mehreren Muslimvertretern in Italien, mit denen er eine gemeinsame intellektuelle Basis gefunden hat. „Man lernt so, im Dialog zu denken, ohne faule Kompromisse. Wir suchen das Gemeinsame und das, was uns trennt, benennen wir auch." Die theologischen Fragen seien entgegen landläufiger Vorstellung vom Dialog nicht die wesentlichen Themen, über die Christen und Muslime miteinander ins Gespräch kommen sollten. „Es geht viel eher darum, was beide Seiten miteinander leisten könnten, um die Gesellschaft zu verbessern", betont er. „Die Theologie ist etwas für Spezialisten".

Ein schönes Zeichen für die Nachhaltigkeit der Bemühungen Samir Khalil Samirs in der interreligiösen Verständigung fand jetzt auf philosophischer Ebene statt: Vor kurzem hat eine schiitische Muslima am CEDRAC über die Trinitätslehre von Yahya ibn Adi eine Doktorarbeit verfasst. Sie war durch Samirs Arbeit auf den größten Philosophen seiner Zeit gestoßen.

Die große Hoffnung bleibt, dass die Brücke zwischen Christen und Muslimen zu einer immer breiteren Straße ausgebaut werden kann, so wie Samir dies immer noch und immer wieder bei persönlichen Begegnungen in Rom, Paris, Beirut und im Rahmen zahlloser Konferenzen erlebt.

Die kulturelle Rolle der Christen in der arabischen Welt
von Samir Khalil Samir

Einleitung

Ich beobachte immer häufiger, dass es die Christen in fast allen arabischen Ländern ablehnen, sich „Araber" zu nennen oder das Wort „arabisch" zu benutzen, um von sich zu sprechen. Diese Situation hat sich in den letzten Jahrzehnten entwickelt und verstärkt, und mir ist dieses Phänomen sowohl im Irak und in Ägypten als auch im Libanon aufgefallen, etwas seltener in Palästina und Syrien. Woher kommt diese Ablehnung? Dabei waren es doch gerade die Christen, insbesondere die libanesischen, die im 19. Jahrhundert den Begriff der Arabität *(al-'urūbah)* thematisiert haben. Was sind die Gründe für diese Veränderung seit einem Jahrhundert?

Nachdenken über die arabische Zivilisation um des 21. Jahrhunderts willen

Außerdem erleben wir in der arabischen Welt eine Situation aus Hoffnung und Entmutigung, die mit der politischen und wirtschaftlichen Lage zusammenhängt, die alle trifft, am meisten aber die Christen, die in vielen Ländern der Region Ziel gewalttätiger Angriffe sind. Den Ereignissen, die seit mehreren Monaten vor unseren Augen geschehen und die ganze arabische Welt betreffen, stehen wir etwas unschlüssig gegenüber: sie enthalten so viele Versprechen für die Zukunft, dass man vom „arabischen Frühling" gesprochen hat, aber sie enthalten auch einen Teil an Unsicherheit, der viele Menschen nachdenklich macht.

Noch entscheidender ist, dass wir uns derzeit in einer Phase globaler Veränderung befinden, die als Globalisierung bezeichnet wird. Dieses Zivilisationsphänomen trifft alle Länder der Welt, am stärksten jedoch die Dritte Welt und damit auch die arabische Welt, die trotz des riesigen Reichtums einiger Länder der Region künftig zur Dritten Welt gehört.

Unter dem Deckmantel einer Globalisierung, die auf eine Vereinigung aller Völker und Kulturen der Welt abzielt, verschlingt in Wirklichkeit die derzeit mächtigste Zivilisation (nämlich die westliche Zivilisation, insbesondere die der Vereinigten Staaten) alle anderen durch ein ganz natürliches Phänomen: indem sie zur vorherrschenden wird.

Das ist eine Tatsache, eine Feststellung, keine Anschuldigung. Sie muss uns dazu führen, dass wir uns der Frage nach dem Positiven und Negativen dieser Situation stellen, damit wir uns besser orientieren können. Für die Länder jedoch, die am Rand dieser heute vorherrschenden westlichen Zivilisation stehen, ist das Problem fast unlösbar.

Zwei Wege sind möglich: dieser Strömung folgen und dadurch riskieren, sich von dieser Zivilisation unter Beibehaltung einiger folkloristischer Reste der verschiedenen Kulturen absorbieren zu lassen, oder aber diese globale Bewegung durch eine noch größere Herausstellung der verschiedenen Kulturen und Zivilisationen der Welt bereichern, nicht um eine bereicherte westliche Zivilisation mit aufzubauen, sondern eine neue Zivilisation, die am Ende vielleicht global und das (noch unbekannte) Ergebnis aller dieser Beiträge wäre.

Von daher ist bei der Ausarbeitung der Kultur des 21. Jahrhunderts unsere Reflexion auf die arabische oder nahöstliche (da verschiedene Zugänge möglich sind) Kultur und Zivilisation unverzichtbar.

Wir wollen jetzt nicht die Herrlichkeiten vergangener Zeiten besingen, wie es unsere Väter hinsichtlich der vorislamischen Epoche gemacht haben (der *Jāhiliyyah),* als sie Gedichte über die Spuren des Zeltes der Geliebten verfassten: *al-bukā' 'alā l-atlāl.* Genausowenig wollen wir eine Haltung erobernder Art einnehmen, sondern uns vielmehr ruhig unserer Identität stellen, um ihren Platz im Rahmen der Identitäten der Welt zu finden.

Deswegen werde ich die Rolle der Christen im Lauf der 14 Jahrhunderte seit der Geburt des Islam im Jahr 610 (oder 622, richtet man sich nach dem Datum der Hegira) in Erinnerung rufen. Zuerst werde ich untersuchen, worin diese Rolle in diesem Teil der Welt bestand. Dann werde ich versuchen, daraus womöglich Leitlinien hervorzuheben, die uns in Zukunft führen könnten.

Denn die Frage, die sich uns mit manchmal etwas Angst stellt, lautet: In welchem Ausmaß haben wir Christen der arabischen Welt eine Aufgabe? Haben die Christen noch einen Platz in diesen Ländern? Die Antwort auf diese Fragen wird erst am Ende unserer Untersuchung gegeben werden.

Mein erster Teil wird also rückschauend sein, um den zweiten, vorausschauenden Teil vorzubereiten.

Die Übernahme des hellenistischen Erbes durch die syrischen Christen vor dem Islam

Vor der islamischen Eroberung waren unsere Regionen, nämlich das historische Syrien *(Bilād al-Shām,* heute Syrien, Libanon, Palästina), Mesopotamien und Ägypten, drei große kulturelle Zentren mit Schulen von bedeutendem Ruf; das waren Schulen für Naturwissenschaft (beispielsweise Medizin), Recht, Philosophie und Theologie, die sich in Alexandrien, Beirut, Antiochien, Edessa, Nisibis und in ganz Mesopotamien bis zum Iran fanden, später, ab dem 6. Jahrhundert, in Jundīshābūr. So kam man von weitem, um sich in den Mathematik-, Astronomie- und Philosophieschulen in Alexandrien ausbilden zu lassen, oder in Beirut in der Rechtslehre.

Die griechischen, syrischen und alexandrinischen (also nicht oberägyptischen) Christen waren oft zweisprachig. Das Griechische war als die damalige *koinè* anerkannt, wie man sie technisch nennt, d.h. als die allen kultivierten Menschen gemeinsame Sprache, so wie das Lateinische es im westlichen Mittelalter war oder das Arabische zur gleichen Zeit in der muslimischen Welt, während das Syrische die Handelssprache war.

Ab dem 5. Jahrhundert jedoch, auf dem Konzil von Ephesus 431 und wenig später auf dem Konzil von Chalcedon 451, spalteten sich von der Kirche drei große Gruppen ab, die man im Orient Nestorianer, Jakobiten und Melkiten nannte. In Wirklichkeit verbargen sich hinter diesen scheinbar theologischen Unterteilungen kulturelle Trennungen. Das Auftauchen lokaler (syrischer, koptischer und armenischer) Kulturen erzeugte Protestbewegungen gegen die überhandnehmende und vorherrschende hellenistische, griechische Kultur – ein Phänomen, das uns an die heutige Zeit erinnert, wo eine vorherrschende Kultur (nämlich die westliche) und Sprache (Englisch) die anderen Kulturen und Sprachen nach und nach verdrängt. Dieses Phänomen hatte damals aber auch eine theologische Dimension.

Ab dem 5., besonders im 6. und 7. Jahrhundert beginnt eine breite Übersetzungstätigkeit der griechischen Werke in die syrische Sprache. Parallele Übersetzungstätigkeiten finden außerhalb unserer Region ins Armenische und Georgische statt sowie, auf nicht so breiter Ebene, ins Koptische und Äthiopische. So entstehen Schulen, die Medizin unterrichten, Mathematik, Philosophie und Theologie. In unserer Region erfolgte der Unterricht auf syrisch.

Dieser Schwung an Übersetzungen erfasst alle Bereiche der damaligen Gegenwartskultur. In der Medizin werden alle verfügbaren Werke der großen antiken Ärzte übersetzt: Hippokrates (Buqrāṭ) (ca. 460–370 v. Chr.) und Galen (Jālīnūs) (ca. 130–201 oder 216 n. Chr.). In der Philosophie liegt das Hauptaugenmerk auf Aristoteles und, in geringerem Maß, auf den Werken von Platon und des Neuplatonismus, da bestimmte Werke fälschlich Aristoteles zugeschrieben wurden.

So beginnt eine ganze Literatur nach und nach entdeckt zu werden, wobei große Namen beteiligt waren wie Sergius von Rās al-'Ayn in Syrien und vor allem Hunayn Ibn Ishāq von Hīrah in Mesopotamien, aber auch weniger berühmte, darunter viele Bischöfe und Patriarchen, die sich der Übersetzung und Kommentierung dieser Werke widmeten, wodurch sie eine Bewegung der Weitergabe des klassischen griechischen Erbes ins Syrische ins Leben riefen, der damaligen Volkssprache der Region.

Die arabischen Christen vor dem Islam

Wegen eines verbreiteten Projektionsphänomens glauben wir gerne, dass die arabische Welt und Kultur mit dem Islam entstanden. Das ist eine historisch falsche Sichtweise. Ganz im Gegenteil wäre der Islam nicht entstanden, wenn es nicht schon einen recht gefestigten kulturellen und spirituellen Unterbau gegeben hätte.

Im 5. Jahrhundert sind die existierenden arabischen Reiche allesamt christlich: das der Ghassāniden am byzantinischen Limes, das der Lakhmiden (mit seiner Hauptstadt in al-Hīra) am persischen Limes und das von Kindah im Herzen der arabischen Halbinsel. Viele arabische Stämme sind christlich. Im Süden blühen die Diözesen von Bahrain, Qatar und Omān. Der Jemen hat seine Bischöfe und Apologeten, die im Jahr 524 das Martyrium erlitten und die der Koran in der Sure der Sternbilder als Vorbild preist (al-Burūj = 85).

Selbst Mekka hat seine Christen, wie P. Henri Lammens in seiner Studie über die Christen Mekkas am Vorabend der Hegira nachgewiesen hat, darunter den berüchtigten Waraqah Ibn Nawfal, dessen Rolle für Muhammad, den Propheten des Islam, bekannt ist und bei dessen Tod „die Offenbarung unterbrochen wurde", wie Khadījah, die erste Ehefrau Muhammads, es ausdrückte.

Diese christlichen Araber sind weder sehr zahlreich noch gut organisiert. Ihr kulturelles Niveau jedoch überragte das ihrer Zeitgenossen. Sie waren es, die die arabische Schrift einführten und die berühmtesten Ärzte stellten. Ihre Rolle in der Literatur ist nicht zu unterschätzen: in der Prosa ist die Beredtheit von Quss Ibn Sāʿidah sprichwörtlich geblieben; in der Lyrik bezeugt diese Rolle die riesige Anthologie von P. Louis Cheikho, die vor mehr als einem Jahrhundert erschienen ist und, bei aller Kritikwürdigkeit dieses Werkes, den wichtigen Beitrag unterstreicht, den man den Christen verdankt.

Schließlich bezeugt der Koran mit seinen häufigen Anspielungen auf Christen ihre Gegenwart und ihre Bedeutung im Arabien des ausgehenden 6. Jahrhunderts. Mehr noch beweisen Dutzende kultureller und religiöser Begriffe, die der Koran den Christen gewiss entliehen hat, aufs deutlichste diese christliche Durchdringung.

Die Arabisierung der orientalischen Christen im 7./8. Jahrhundert

Mit der arabo-islamischen Eroberung, die noch zu Lebzeiten Muhammads beginnt, wird der Nahe Osten in der ersten Hälfte des 7. Jahrhunderts unterworfen. Zuerst Arabien, dann Syrien (entspricht dem heutigen Syrien, Libanon, Palästina), der Irak und schließlich Ägypten, das 640/641 fällt.

Die Eroberer finden sich vor Völkern wieder, die eine andere, reichere Kultur als die ihre haben. Sie besaßen die Weisheit, sie zu achten und sie sich sogar anzueignen, wobei sie sich darauf beschränkten, sie administrativ, wirtschaftlich und politisch zu beherrschen. Und diese eroberten Völker waren in der Praxis christlich (bis auf einen Kern Mazdäer in der Region von Harrān, der sich um 852 „Sabäer" nennt). Sie besaßen drei kulturelle Traditionen: die griechische (in den Küstenstädten), die syrische (im syrischen und irakischen Hinterland) und die koptische (in Ägypten).

Die Arabisierung der eroberten Länder vollzieht sich nach und nach. Anfangs war die Verwaltung überall zweisprachig: arabisch-griechisch oder arabisch-syrisch oder arabisch-koptisch. Langsam verdrängt das Arabische völlig die eingeborenen Sprachen. Wer eine Rolle im soziopolitischen Leben des Landes spielen wollte, musste die Sprache der Eroberer, das Arabische, beherrschen. So arabisierten sich die Christen, die nicht arabischer Herkunft waren, recht schnell, wobei sie zwei- oder dreisprachig blieben (griechisch, syrisch oder koptisch, arabisch). Es finden sich sogar unter den ersten Abbasiden (750–852) mehrsprachige Christen (griechisch, syrisch, persisch und arabisch).

Dieses Phänomen wird den Christen eine unleugbare kulturelle Überlegenheit verleihen: Sie beherrschen nicht nur mehrere Sprachen, was ebensoviele kulturelle Horizonte eröffnet, sondern sie besitzen vor allem ein kulturelles Erbe, das seit Generationen (wie wir später sehen werden) von den Schulen und den Klöstern überliefert wird. Das fehlte selbstverständlich den Beduinen, die aus Arabien gekommen waren.

Die muslimische Eroberung und das Phänomen der Akkulturation

Schnelligkeit der muslimischen Eroberung

Laut der muslimischen Tradition wurde Muhammad Ibn 'Abdallāh, der Prophet des Islam, um 570 geboren. 610 setzt in Mekka seine Predigttätigkeit ein, doch angesichts des wachsenden Widerstands zieht er sich 622 nach Medina zurück. Das ist die Hegira, die *hijrah*. Dann beginnen seine Kriegs- und Raubzüge. In nur zehn Jahren gelingt es ihm dank seiner Intelligenz und seines politischen Instinkts, den größten Teil der arabischen Stämme und der Städte der arabischen Halbinsel um eine Leitidee zu vereinigen: die des Islam und des einzigen Gottes. Er stirbt 632.

Nach seinem Tod weiten seine Nachfolger rasch den Islam außerhalb Arabiens aus. Der zweite Kalif, 'Umar Ibn al-Khattāb (634–644), erobert einen großen Teil des Mittleren Ostens. 636 fallen Jerusalem und Damaskus in die Hände der Muslime, und es beginnt die Eroberung des Iran. 638 ist Mesopotamien vollständig erobert, und 641 fällt der ganze Irak. Parallel dazu wird Kairo 639 und Alexandrien 641 erobert. Zehn Jahre nach dem Tod Muhammads ist der Mittlere Osten dem Islam unterworfen.

Inwieweit können wir jedoch von einer Eroberung sprechen? Einige zehntausend Männer verwalten eine Region bzw. ein Land, dessen Bevölkerung mehrheitlich christlich ist. So besteht Ägypten zu 99 % aus *Gipti* (d.h. aus *Aigyptoi,* Ägyptern). Und weil sie Christen sind, heißen die Christen Ägyptens künftig *Gipti:* „Kopten". In der Region des Bilād al-Shām (Syrien-Libanon-Palästina) wird man sie *Suryān* nennen: „Syrer".

Bei dieser Eroberung war die muslimische Zivilisation kaum etabliert. Der Grund dafür ist einfach. Der Begriff „Zivilisation" kommt vom lateinischen *civis*, die Stadt; so wie im Arabischen das Wort *hadārah* (das buchstäblich Zivilisation wiedergibt) von *hadar* kommt, laut Wörterbuch „eine zivilisierte Gegend mit Städten und Dörfern und einer alteingesessenen Bevölkerung", und man weiß, dass die Araber immer die *hadar* von den Beduinen *(badū)* unterschieden haben.

Etymologisch gesehen kann es somit keine „beduinische Zivilisation" geben – das wäre eine contradictio in adiecto. Tatsächlich hinterlässt der Beduine keine Spuren; durch seine Lebensweise bewegt er sich von einem Ort zum anderen, beutet alles, was er dort vorfindet (Pflanzen, Wasser), bis zur Erschöpfung der Ressourcen aus und zieht dann in anderer Richtung weiter. Eine Zivilisation existierte ab dem Zeitpunkt, wo Städte sich dauerhaft organisierten und strukturierten.

Die arabische Zivilisation war gerade geboren, und auch wenn es vereinzelte Städte wie Mekka und Medina (d.h. Yathrib) gab oder vereinzelt Oasen blühten, bezeugten nur wenige Gebäude oder sichtbare Zeichen eine Zivilisation im eigentlichen Sinne.

Begegnung mit den eroberten Kulturen

Als die Muslime nun in Syrien ankommen, sind sie von den Gebäuden, Palästen, Kirchen, Klöstern, von dieser Technik und dieser ganzen Wissenschaft, die das alles ermöglicht hat, geblendet. Sogleich trachten sie danach, sich diese Kenntnisse anzueignen, und bitten die eroberten Völker, ihnen das Wissen der vergangenen Zivilisationen zu vermitteln. Diese Bewunderung beschränkt sich nicht auf die Architektur, sondern erstreckt sich auch auf die administrative Organisation dieser Völker, da sie selbst noch keine Gelegenheit hatten, so weiträumige Gebiete zu verwalten.

Sprachlich drückt sich das in den häufigen Entlehnungen aus den anderen Sprachen des Mittleren Ostens deutlich aus: Griechisch, Latein, Persisch, Hebräisch, Syrisch, sogar Äthiopisch. Dieses Phänomen taucht bereits vor der Eroberung auf und hinterlässt Spuren bis hinein in den Koran.

Die syrischen Schulen

Die abbasidische Renaissance entstand nicht von selbst. Sie war von langer Hand vorbereitet, lange Zeit vor der Ankunft der Abbasiden, und zwar von den syrischen Schulen, den monophysitischen und vor allem den nestorianischen.

Die syrischen Kirchen hatten nämlich ein Unterrichtssystem, das unsere Universitäten vorwegnahm. Bei der Geburt des Islam besaßen die Monophysiten noch zwei Bildungszentren: Amīdā und vor allem Antiochien. Die Nestorianer ihrerseits unterhielten drei große Schulen: die von Nisibis, die Bischof Barsawmā 489 wiederbelebt hatte, als Kaiser Zenon beschloß, die Schule von Edessa zu schließen, die von Seleukia-Ktesiphon und die von Jundishābūr, die Chosroês 530 im Iran gegründet hatte, welche sich auf Medizin spezialisiert hatte und der indischen Wissenschaft gegenüber offen war.

Neben diesen Schulen sorgte eine Vielzahl von Klöstern für einen ernstzunehmenden Unterricht. In Bagdad selbst muss es in mehreren nestorianischen Klöstern Lehrer-Schüler-Gruppen gegeben haben. Genannt werden insbesondere die Schule des Dayr Kalīlīshū', die des Dayr Mār Fathyūn und die des Karkh. In den beiden letzteren wurde neben den theologischen Fächern Medizin und Philosophie gelehrt.

Zum Studium gehörten im allgemeinen profane und religiöse Wissenschaften. Erstere umfassten Grammatik und Rhetorik, Mathematik, Medizin, Logik und Philosophie. Letztere studierten die Bibel und ihre Kommentare sowie die Theologie, wobei die Kirchenväter immer herangezogen wurden. Schließlich wurden Sprachen vertieft studiert, insbesondere Griechisch und Syrisch (manchmal Persisch), später Arabisch. Es hat sich sogar die Haus- und Studienordnung dieses „Priesterseminars" erhalten.

Als die abbasidischen Kalifen 763 Baghdād gründeten, entfernten sie sich damit in geographischer (aber auch in gesellschaftlicher und kultureller) Hinsicht gleichzeitig von der arabischen wie von der byzantinischen Welt und näherten sich der persischen an, so dass die Verwaltung sowie andere Aspekte des politischen Lebens vollständig persisch waren. Sie stützten sich spontan auf diejenigen, die über eine lange kulturelle Tradition in der Region verfügten, nämlich auf die Nestorianer, und zogen sie als Schreiber, Ärzte und Übersetzer zum Staatsdienst heran.

Die hellenistische Kultur wird den Arabern von den Christen vermittelt[1]

529 schließt Justinian die Schule von Athen. Die Schule von Alexandrien wird, obgleich geschwächt von dem Schlag, den ihr Theodosius I. 391 beigebracht hat, zur letzten Zuflucht des Hellenismus, den das Christentum verfolgt. Zu Beginn des 6. Jahrhunderts erlangt diese nun christianisierte Schule neue Kraft mit Ammonios, dem Sohn des Hermias, einem Schüler des Neuplatonikers Proklos. Er bildet mehrere Schüler aus, darunter Simplicius, Damascius, Asklepios von Tralleis, Theodot, Olympiodoros den Jüngeren und vor allem Johannes Philoponus, den die Araber Yaḥyā al-Nahwī nennen werden.

Zur selben Zeit werden mehrere monophysitische Syrer in Alexandrien ausgebildet, darunter Zacharias der Scholastiker und sein Freund Severus (der von 521 bis 518 Patriarch von Antiochien sein wird), Johannes von Apamea, Aetius von Amīdā sowie der große Übersetzer, Arzt und Philosoph Sergius von Rēsh'aynā (= Ra's al-'Ayn), der 536 stirbt. Die Schule von Alexandrien bringt noch Stephanos von Alexandrien hervor, welcher der Hofphilosoph von Kaiser Herakleios und einer der berühmtesten Lehrmeister der Schule war, sowie die Ärzte Paulos von Aigina und Aaron. Anfang des 8. Jahrhundert geht die Schule langsam ein.

Damals, um 720, treten die in Alexandrien ausgebildeten monophysistischen Syrer ihre Nachfolge an und erwecken die Schule von Antiochien wieder zum Leben. Sie wird 130 bis 140 Jahre bestehen und keine großen Namen hinterlassen, dafür aber treu die hellenistische Tradition überliefern und so viele dieser Werke wie möglich ins Syrische übertragen. Um 850 stirbt der letzte Lehrmeister von Antiochien, der zwei Schüler hinterlässt: einen aus Marw im Khorasān, einen anderen aus Harrān in Ober-Mesopotamien. Sie nahmen die Bücher der Schule von Antiochien mit sich und gründeten zwei Schulen, eine in Marw und die andere in Harrān.

Die Schule von Marw hatte die Lehrmeister Ibrāhīm al-Marwazī (d.h. aus Marw gebürtig) und Yūḥannā Ibn Haylān. Sie blieben dort bis etwa 895. Zu dieser Zeit, unter dem Kalifat von al-Muʿtadid (892–905), zog Ibrāhīm nach Baghdād, wo er der Lehrer von Mattā Ibn Yūnus wurde, der wiederum der Lehrer von al-Fārābī und Yaḥyā Ibn ʿAdī wurde, während Yūḥannā zunächst nach Harrān zog (wo al-Fārābī auch sein Schüler war), und dann nach Baghdād, wo er starb.

Die letzten Lehrmeister der Schule von Harrān waren Israel der Bischof (von Kashkar?) und Quwayrī (= Cyrus). Ersterer widmete sich kirchlichen Aufgaben (er wurde mit 90 Jahren für einige Monate Patriarch, bevor er 960 starb), während sich Quwayrī in Baghdād niederließ, wo Mattā Ibn Yūnus sein Schüler war.

Dieser Übergang von Antiochien nach Baghdād wurde durch al-Fārābī, den „Philosophen der Muslime", überliefert, vermutlich nach Erzählungen seines Lehrmeisters Yūḥannā Ibn Haylān. Bemerkenswert ist jedoch, dass (bis auf Fārābī) *alle Protagonisten dieser philosophischen Bewegung nestorianische Christen sind.* Das letzte Glied dieser Kette, die das aristotelische (und neuplatonische) Erbe bewahrt, und Schüler sowohl des Nestorianers Mattā Ibn Yūnus († 940) als auch al-Fārābīs († 950) war, ist der Jakobit Yaḥyā Ibn ʿAdī († 974), der unangefochtene Lehrmeister der griechischen Philosophie in der damaligen muslimischen Welt.

Von Alexandrien nach Antiochien, dann in Marw und Harrān sowie schließlich in Baghdād wird das hellenistische (philosophische, medizinische und mathematische) Denken bruchlos den Arabern überliefert, und zwar dank der nestorianischen und jakobitischen Christen. Auf diesen Prozess spielt al-Kindī an, der „Philosoph der Araber" *(faylasūf al-'Arab,* † um 874), wenn er von seinen Vorgängern sagt:

„Hätte es sie nicht gegeben, wären wir, selbst wenn wir uns ausschließlich der intensivsten Suche gewidmet hätten, niemals zu diesen authentischen Ersten Prinzipien gelangt, mit deren Hilfe wir noch die letzten Schlussfolgerungen unserer abwegigsten Untersuchungen ableiten konnten."

Erarbeitung einer arabischen Zivilisationssprache

Ebenso wird alles, was zum technischen Bereich gehört, den lokalen Bevölkerungen entlehnt. Das arabische Militärvokabular ist nicht arabischen Ursprungs. Zum Beispiel entspricht das Wort *qasr* dem lateinischen *castrum* für Festung; das Wort *sirāt* der *Fātihah,* das so arabisch klingt, kommt von *strata* (bzw. *saxea viarum,* d.h. der mit Steinen gepflasterte Weg) für die Römerstraße, und das so koranische Wort *hudā,* der Gute Weg, kommt vom griechischen *hodos.*

Kein Begriff, der die Wissenschaft, die Schrift (das Papier wie das Schreibrohr) oder die Verwaltung beschreibt, ist arabischen Ursprungs; diese Begriffe stammen vielmehr aus dem Griechischen oder Syrischen und wurden durch die Christen vermittelt, die in den eroberten Ländern lebten. In einem Fall ist das lateinische Wort zuerst ins Griechische gewandert und von dort ins Arabische, nämlich *veredarium,* das unser *barīd* ergeben hat: die Post.

Wer sich für die fremdsprachigen Entlehnungen des Koran interessiert, kann die älteren Lehrbücher der arabischen Sprache darauf hin durchsehen, wie sie insbesondere der *Muzhir* von al-Suyūtī († 1505) betreffs des *Gharīb al-Qur'ān* zusammengestellt hat. Er weist darin nach, dass alle diese Begriffe eingedrungen sind, d.h. dass sie nicht zur arabischen Sprache gehören, was eine wissenschaftliche Haltung ist, die mit der vieler zeitgenössischer Gelehrter kontrastiert, die in apologetischer Absicht zu beweisen versuchen, dass alle im Koran enthaltenen Begriffe rein arabischen Ursprungs sind.

Somit sind also die Begriffe der Zivilisation eingedrungene Wörter. Das bedeutet, dass sich die arabische Sprache durch den Einschluss der anderen Zivilisationen verbreitert und bereichert hat. Das ist in verschiedenen Bereichen von der einfachsten bis zur abstraktesten Terminologie frappierend.

Um beispielsweise den Tisch zu bezeichnen, benutzt man verschiedene Begriffe, die allesamt ausländisch sind (etwa *tāwulah* = *tabula* auf latein, *tarābēzah* in Ägypten = die griechische *trapeza*, *khiwān* auf persisch), denn die Araber benutzten keine Tische in der Wüste.

Außerdem ist das Wort uqnūm, das in der Theologie die göttlichen Hypostasen bezeichnet, eines, das alle mittelalterlichen arabischen Philosophen benutzen (al-Fārābī genauso wie Avicenna oder Averroës). Es kommt vom syrischen *qnōmō,* das die Christen in die arabische Zivilisation eingeschleust haben. Als ʿAbdallāh Ibn al-Muqqafaʿ († 759) das Wort „Substanz" übersetzen wollte, fand er keinen geeigneten Begriff und umging das Problem, ohne das Wort zu übersetzen. Erst Hunayn Ibn Ishāq schlug das Wort *jawhar* vor, das persischen Ursprungs ist und eine semantische Entwicklung durchgemacht hat, da es gleichermaßen einen Edelstein oder das Wesen einer Sache bezeichnen kann, wie es heute noch der Fall ist.

Die Eroberer schaffen somit durch Assimilation eine erneuerte und bereicherte Sprache. Die Kalifen bitten die Gelehrten, ihnen dieses Wissen zu vermitteln, sei es durch gutbezahlte Übersetzungen aus dem Griechischen oder aber (was billiger und schneller war) aus dem Syrischen ins Arabische, da beide Sprachen einander sehr ähnlich sind.

Die arabische christliche Theologie zu Beginn der Abbasiden

Das Ende der Umayyaden: die Schule des Johannes von Damaskus

Wenn schon die Medizin und die Philosophie unter den syrischen Christen weit verbreitet waren, so gilt das natürlich noch viel mehr für die Theologie, und das nicht nur bei den syrischsprachigen. Diese Gegend des Nahen Ostens hatte eine stolze Anzahl von Theologen und Kirchenvätern gestellt, darunter einen ganz großen, ihren letzten: Johannes von Damaskus.

Aus Damaskus gebürtig, dem Herzen der damaligen muslimischen Welt (die Dynastie der Umayyaden regierte von 661 bis 750 in Damaskus), prägte Yannā Ibn Mansūr die ersten arabischen Theologen aufs tiefste. Obgleich er das Arabische beherrschte, verfasste er seine Werke auf griechisch und machte in ihnen auch durchaus Anspielungen auf den Islam. Es unterliegt keinem Zweifel, dass die muslimische Theologie von der Methode des Damaszeners beeinflusst wurde, und manche behaupten sogar, dass sie ihre Geburt der christlichen Theologie schulde.

Auch wenn die Werke des Damaszeners erst im 10. Jahrhundert systematisch ins Arabische übertragen wurden, strahlten seine Methode und sein Denken unmittelbar auf seine Schüler aus, insbesondere im palästinensischen Milieu der Klöster der heiligen Sabas und Chariton.

Genau von dort stammt der älteste bekannte, zu Lebzeiten von Johannes von Damaskus auf arabisch verfasste Traktat christlicher Theologie: der *Anonymus über die Trinität*. 746 verfasst, zur Zeit der Umayyaden, stellt das Werk die Trinität für Muslime dar, ausgehend von einigen Zitaten des Koran und auf der Grundlage von Analogien, die der Natur entnommen sind. Es findet sich darin noch kein philosophischer „Nachweis" der Dreifaltigkeit.

Vermutlich gab es eine ganze „damaszenische" Literatur, die aus denselben palästinensischen Milieus stammt und noch unter den Manuskripten vergraben ist.

Der Beginn der Abbasiden

Ab dem letzten Viertel des 8. Jahrhunderts wimmelt diese theologische Literatur mit apologetischer oder polemischer Zielsetzung in den irakischen Milieus.

Das ist die Epoche von Theodor Abū Qurrah († um 830), dem melkitischen Bischof von Harrān und Autor eines Dutzends theologischer Büchlein, die sich an Muslime richten. Ein anderer, anonymer melkitischer Autor, dessen Denken dem Abū Qurrahs verwandt ist, verfasste 825 eine reichhaltige Enzyklopädie mit dem Titel *Summe der Gesichtspunkte des Glaubens*. Darin sind alle wichtigen Fragen angeschnitten: die Existenz Gottes, seine Einheit und Dreifaltigkeit, die Göttlichkeit Jesu Christi, die Inkarnation, die Ewigkeit des Wortes Gottes, die christliche Moral im Vergleich zu der muslimischen, die Eucharistie, das Problem der Freiheit des Menschen, das Problem des Übels usw.

Ihr jakobitischer Zeitgenosse Abū Rā'itah Habib Ibn Hudhaylah al-Takrītī verfasst ein Dutzend Büchlein, von denen sich fünf an die Muslime richten, näherhin an die Muʻtaziliten. Er beschränkt sich auf die dogmatischen Fragen: Einheit und Dreifaltigkeit Gottes, göttliche Attribute, Inkarnation. Wir verdanken ihm einen großartigen Text über die Wahrheit des Christentums, die unserer Ansicht nach die Perle unter seinen Werken darstellt.

Der dritte große bekannte Name dieser Epoche ist der des nestorianischen Patriarchen Timotheos I., der es während seiner langen Regierungszeit (780–823) mit vier Kalifen zu tun hatte. Auf die Bitte des Kalifen al-Mahdî übersetzte er mit Hilfe seines Getreuen Abū Nūh al-Anbārī die *Topik* von Aristoteles. Mit demselben Kalifen führte er 781 einen Dialog, der zum Vorbild aller Begegnungen dieser Art wurde. Alle religiösen Fragen werden darin angesprochen – mit viel Feinfühligkeit und doch mit viel doktrinaler Standfestigkeit. Timotheos förderte, soviel er konnte, die Studien bei Klerikern und Laien und verbrachte die im 6. Jahrhundert gegründete Schule von Seleukia mit seinem Patriarchatssitz nach Baghdād.

Die Epoche von al-Ma'mūn

Um 825 verfasste 'Abd al-Masīh al-Kindī (das ist vermutlich ein Pseudonym, hinter dem sich ein nestorianischer Apologet verbirgt) eine Widerlegung des Islam, die nicht so sehr auf der dogmatischen (diesen Teil entleiht er einfach seinem Zeitgenossen Abū Rā'itah), als auf der historischen und moralischen Ebene argumentiert. Es handelt sich hier um die vollständigste Anklageschrift gegen die Person Muhammads und seine Botschaft, und das ist überaus außergewöhnlich in der arabischen Literatur. Seine Materialsammlung ist von erster Güte, und dadurch ist sein Werk eine kostbare Quelle für die Ursprünge des Islam.

In derselben Epoche hat uns ein anderer, noch schlechtbekannter Nestorianer, 'Ammār al-Basrī, zwei Apologien von recht außergewöhnlicher denkerischer Kraft hinterlassen. Es handelt sich bei ihm um einen Philosophen und Theologen von höchstem Niveau, der sich sein Vokabular erst erschaffen muss, um einen neuen Gedanken auszudrücken. Der arabischsprachige theologische Diskurs gewinnt bei ihm an großer Dichte. Das Ganze der kontroversen Fragen wird angeschnitten: Dogma, Moral, Spiritualität usw.

Das sind einige Beispiele apologetischer Theologen dieser 50 Jahre (775–825), die dem von al-Ma'mūn geschaffenen „Haus der Weisheit" *(Bayt al-Hikmah)* vorangehen und jener großartigen Bewegung der Akkulturation mit dem griechischen Denken den Boden bereiten. Diesen Theologen gelang es, die muslimischen Denker betroffen zu machen, die sich sogleich daran machten, sie zu widerlegen, so Abū Hudhayl al-'Allāf († um 840), al-Iskāfī († 855), al-Warrāq († 861), Jāhiz († 868) oder der Philosoph al-Kindī († um 874). Es unterliegt keinem Zweifel, dass diese Christen bei der Einführung dieser abbasidischen Renaissance eine herausragende Rolle gespielt haben.

Das Goldene Zeitalter: die zwei ersten abbasidischen Jahrhunderte

Die Übersetzungen

In einer ersten Phase, im 8. bis 9. Jahrhundert, erscheinen die ersten, noch ungeschliffenen arabischen Übersetzungen teils aus dem Griechischen, teils aus dem Syrischen. In der zweiten Hälfte des 9. und während des ganzen 10. Jahrhunderts erstarkt und vervollkommnet sich diese Bewegung, eine strenge Methodik setzt sich besonders unter dem Einfluss von Hunayn Ibn Isḥāq († 873) und zwei seiner Schüler durch: Isḥāq Ibn Hunayn, seinem Sohn, und seinem Neffen Hubaysh Ibn al-Hasan al-A'sam. Der bereits übersetzte arabische Text wird überarbeitet und mit dem griechischen Original abgeglichen, um eine bessere Übersetzung zu erhalten; die philosophische Sprache wird präziser und technischer, denn es sind die Philosophen selbst, die diese Texte übersetzen oder überarbeiten. Dieses Übertragungswerk des hellenistischen Erbes endet im dritten Viertel des 11. Jahrhunderts.

Im Bereich der Übersetzungen sind mehr als 90% des ganzen damals vorliegenden griechischen Denkens von Christen übersetzt worden. Sie haben in erster Linie die nützlichen Werke übersetzt, d.h. diejenigen, die Technik, Mathematik, Medizin zum Gegenstand haben. So hat Hunayn 96 medizinische Werke von Galen und Hippokrates übersetzt, und jeder, der etwas von Übersetzungen versteht, kann ermessen, wieviel Arbeit so ein Unternehmen darstellt. Später fuhr Hunayn mit Übersetzungen fort. Das wissen wir durch den Bericht über die von ihm angefertigten Übersetzungen, den er auf Bitten von Ibn al-Munajjim aufsetzte, einem muslimischen Freund, der davon Kopien erstellen lassen wollte. Einige Jahre später schrieb er eine zweite, vollständigere, aber immer noch nicht erschöpfende Notiz nieder.

Die griechischen Wissenschaften in Baghdād

Der Bibliograph Muhammad al-Nadīm, der Autor des ersten bekannten Inventars der arabischen Kultur aus dem Jahr 987, das den persischen Titel *Al-Fihrist* trägt, stellt sich die Frage: „Aus welchem Grund sind die Bücher der Philosophie und der anderen alten [= griechischen] Wissenschaften so zahlreich in diesen Ländern?", d. h. in Baghdād.

Gründung des „Hauses der Weisheit"
Er antwortete mit der Vision, die der Kalif al-Ma'mūn (813–833) von Aristoteles hatte und die ihn dazu bewog, die Übersetzungsbewegung zu intensivieren und systematisch zu organisieren.

Al-Ma'mūn gründete also 830 das „Haus der Weisheit" *(Bayt al-Hikmah),* dessen Leitung er dem nestorianischen Arzt Yūhannā Ibn Māsawayh anvertraute. Nach dessen Tod leitete sein Schüler Hunayn Ibn Ishāq (808–873) die Schule. Er war es, der die moderne Übersetzungsmethode schuf, die nicht mehr Wort für Wort (bzw. Element für Element in einem Wort) vorging, sondern ganzheitlich. Die gesamte Aussage muss verstanden und in meiner Sprache wiedergegeben werden. Er sammelte mehrere Schüler um sich, deren berühmteste sein Sohn Ishāq und sein Neffe Hubaysh sind. Ihnen verdankt man die Übersetzung der Werke Galens, Hippokrates', Aristoteles' und so vieler anderer griechischer Ärzte, Gelehrter oder Philosophen.

Mathematik und Astronomie
Unter al-Ma'mūn übersetzte al-Hajjāj Ibn Yūsuf Ibn Matar al-Hāsib, ein Nestorianer aus Kūfa, die neun ersten Bücher der *Elemente* Eu-

klids aus dem Syrischen ins Arabische. Im Jahrhundert darauf, um 912, überarbeitete ein aus Baalbeck (Libanon) stammender und in Baghdād lebender melkitischer Priester, Qustā Ibn Lūqā, der die drei Sprachen (Griechisch, Syrisch, Arabisch) vortrefflich beherrschte, diesen Text und übersetzte das zehnte Buch.

In der Astronomie übersetzte derselbe al-Hajjāj Ibn Yūsuf die *Megalē Syntaxis* von Ptolemäus aus dem Syrischen ins Arabische. 827 beendete er seine Arbeit. In dieser Wissenschaft waren jedoch die Mazdäer (die man für gewöhnlich Sabäer nannte) sowie einige Juden aktiver.

Medizin
Besonders aber in der Medizin waren die Christen (vor allem die Nestorianer) jahrhundertelang die unbestrittenen Meister. Al-Mansūr hatte 763 kaum Baghdād gegründet, als er die nestorianischen Ärzte der berühmten Schule von Gundīshābūr berief. Gūrgīs Ibn Gibrīl Ibn Bukhtīshūʿ, der Leiter des Krankenhauses, war von 765 bis 769 selbst in Baghdād, bis er zum Sterben in seine Heimat zurückkehrte. Bis 787 war ʿĪsā Ibn Shuhlafā sein Nachfolger, dann trat Bukhtīshūʿ Ibn Gūrgīs seine Stelle an. Künftig „regierte" die Familie Bukhtīshūʿ generationenlang am Hof von Baghdād, bis etwa 1058.[2]

Man könnte so Dutzende von berühmten Äzten aufzählen. Hier soll der Hinweis genügen, dass mehr als die Hälfte der in der *Geschichte des arabischen Schrifttums* von Fuat Sezgin erwähnten Ärzte Christen sind.[3] Ebenso erwähnt Ibn Juljul der Andalusier in seiner 987 (einige Monate vor der ersten Fassung des *Fihrist* von al-Nadīm) verfassten *Chronik der Ärzte und Philosophen* zwölf Ärzte und Philosophen der muslimischen Welt, darunter sieben Christen. Darauf bezieht sich der ätzende Witz von Jāhiz († 869), der von einem Arzt handelt, der auf dem Höhepunkt einer Epidemie arbeitslos ist und nach dem Grund gefragt wird. „Ich bin Muslim und heiße Asad, antwortete er, wobei die Leute schon vor meiner Geburt davon überzeugt sind, dass ein Arzt Christ ist und Salībā oder Yūhannā oder Bīrā heißt!"

Das Beispiel von Qustā Ibn Lūqā

Diese Übersetzungen waren schwierig anzufertigen und benötigten oft ein Teamwork in aufeinanderfolgenden Etappen. Denn wie sollte man die mathematischen oder astronomischen, mythologischen oder philosophischen, medizinischen oder pharmazeutischen Begriffe in einer Sprache wiedergeben, die ihrem Wesen nach literarisch und poetisch und wenig von diesen Wissenschaften und diesen Realien geprägt ist? Dieser Schwierigkeit werden wir uns heute nur zu sehr bewusst, wenn wir wissenschaftliche, medizinische, philosophische oder linguistische oder das Vokabular des Internets ins Arabische übertragen müssen. Das erfordert die Zusammenarbeit von Generationen mehrsprachiger Gelehrter.

So ist etwa zu Beginn des 10. Jahrhunderts, um nur ein Beispiel aus dem Bereich der Mathematik zu nennen, Qustā Ibn Lūqā al-Baʿlabakkī, ein aus Baalbeck stammender Melkit, der aber in Bagdad lebte, der letzte, der die zehn Kapitel der Euklidischen *Elemente* übersetzt; zwei andere Autoren hatten zuvor einige Kapitel übertragen.

Im allgemeinen spezialisieren sich diese Gelehrten auf ein besonderes Gebiet, Medizin, Mechanik oder Philosophie etc., ohne sich jedoch darauf zu beschränken. So spezialisiert sich etwa Qustā Ibn Lūqā auf Medizin (wir verdanken ihm 55 Werke, Mischungen von Übersetzungen und Eigenschöpfungen), auf Mathematik und besonders auf Mechanik, einem Lieblingsfachgebiet der Kalifen, da sehr nützlich, um Kriegsmaschinen zu bauen, z.B. Geschosse zu schleudern. Er ist auch der Autor eines Werkes über die Brennspiegel *(al-Marāyā al-muhriqah),* was natürlich im Krieg von Wichtigkeit ist, um mit Spiegeln mit sehr konzentrierten Brennpunkten das feindliche Lager zu verbrennen.

Derselbe Qustā Ibn Lūqā schreibt die erste bekannte Abhandlung, um auf der Pilgerfahrt nach Mekka gesundzubleiben, und zwar auf Bitten eines Ministers, der seine Begleitung als Leibarzt wünschte. Der Gelehrte entschuldigt sich mit dem Vorwand, seine Frau und seine Kinder benötigten seine Anwesenheit, aber schreibt für ihn eine überaus gelehrte und gleichzeitig praktische Abhandlung, damit sich der Minister gegen Krankheit zu wappnen wisse.

Qusta ist ein in allen Disziplinen bewanderter Gelehrter. Er ist auch ein überzeugter Christ, der bei Bedarf die Wissenschaft benützt, um seinen Glauben zu verteidigen. Von ihm ist die fabelhafte Antwort erhalten, die er dem großen muslimischen Mathematiker Ibn al-Munajjim (m. 275 H./888) gegeben hat, der einen „geometrischen Beweis" *(burhān handasī)* verfasst hatte, um den wunderbaren Charakter des Koran zu beweisen, was man den *i'jāz* nennt. Das Argument ist fundamental, weil es das einzige „Wunder" des Islam darstellt. Die Wahrheit des Islam gründet auf dieser Doktrin der Unnachahmlichkeit des Koran *(i'jāz):* Muhammad, dessen Intelligenz allgemein anerkannt ist, hätte seine Landsleute nicht herausgefordert, es dem Buch gleichzutun, wenn er nicht gewusst hätte, dass sie es nicht könnten. Und selbst wenn er den Koran nicht von Gott empfangen hätte, konnte ihm nur eine übernatürliche Offenbarung die absolute Gewissheit einer so ungewissen Zukunft eingeben.

Als meisterhafter Logiker zerlegt Qusta die Beweisführung seines Briefpartners und reflektiert tief über die Unnachahmlichkeit oder Nicht-Unnachahmlichkeit der literarischen Werke, wobei er die höhere Unnachahmlichkeit Homers in bezug auf den Koran erweist. Dann vergleicht er Muhammad mit Simon-Petrus, um die Überlegenheit von diesem über jenem aufzuzeigen, denn es kommt für ihn nicht in Frage, Muhammad mit Jesus zu vergleichen, der selber unvergleichlich ist. Und das als Antwort auf die Behauptung von Ibn al-Munajjim: „Darum sind sich alle Menschen [...] darin einig, dass es auf Erden niemanden gegeben hat, der ihm [Mahomet] vergleichbar wäre, der vollkommener in seiner Einsicht und verständiger in seinem Urteil wäre." Qusta hält nicht nur Simon-Petrus für überlegen, sondern auch Alexander den Großen und Zoroaster.

Die Kommentare

In einer weiteren Phase setzt eine zweite Generation von Übersetzern ein und geht über das Übersetzen hinaus, um Kommentare zu erstellen. Das beginnt in den Klosterschulen, ab dem 9. Jahrhundert auch außerhalb. Man ging folgendermaßen vor: Man diktierte dem Studenten eine kleine Zusammenfassung dieses oder jenes großen Werkes (man nannte diese *jawāmi'* = *summaria*), und der Professor glossierte diese Zusammenfassungen, indem er sie las und mündlich kommentierte. Diese Kommentare wurden anschließend von den begabtesten Studenten schriftlich festgehalten, und einige sind uns erhaltengeblieben.

In diesen Schulen waren die Schüler der ersten Generationen ausnahmslos Christen. Nach und nach wurden die Muslime zahlreicher, bis sie schließlich sogar in der Mehrzahl waren.

Wir können das Beispiel des berühmtesten aristotelischen Philosophen des dritten Viertels des 10. Jahrhunderts anführen, Yahyā Ibn 'Adī (893–974), der zahlreiche Schüler hatte und deren berühmteste sechs Muslime und vier Christen sind. Bei den letzteren (bis auf den vierten), Abū 'Alī 'Isā Ibn Zur'ah (942–1008), Abū l-Khayr al-Hasan Ibn Suwār, genannt Ibn al-Khammār (942–1017), Abū 'Alī Ibn al-Samh († 1027) und Abū 'Alī Nazīf Ibn Yumn (Ende des 10. Jh.), handelt es sich um genau diejenigen, die den Lehrvortrag des Meisters schriftlich aufgesetzt haben, der in dem prächtigen Manuskript von Paris erhalten ist (der *Codex arabe* 2346), der kürzlich von zwei Schülern von P. Farid Jabre im Libanon veröffentlicht wurde.

Der Leser wird bemerkt haben, dass alle diese Autoren Namen tragen, die man heute wie 'Alī und Hasan für muslimisch halten würde, doch diese Namen sind einfach nur arabisch und so allen gemeinsam. Es ist unsere Ghettoisierung, welche die Unterscheidungen zwischen den religiösen Gemeinschaften verschärft.

In einer dritten Phase schließlich, ab dem 10. Jahrhundert, verfassen sie ihre eigenen Werke, die vom hellenistischen Denken beeinflusst sind, und zwar in den Bereichen der Medizin und der Philosophie, in geringerem Ausmaß auch in dem der sonstigen Wissenschaften. Das ist der bedeutendste und gleichzeitig auch der unbekannteste Teil ihres Beitrags zur arabischen Zivilisation.

Hier ist die Bemerkung angebracht, dass die Maroniten einige Jahrhunderte später, zwischen dem 17. und 19. Jahrhundert, in bezug auf die abendländische Kultur auf genau dieselbe Art und Weise vorgehen werden: zuerst übersetzen, dann glossieren und kommentieren, ohne immer ihre Quellen zu nennen, und schließlich direkt Werke unter dem Einfluss des abendländischen Denkens verfassen. Das ist die normale Vorgehensweise jedes Akkulturationsphänomens, in welcher Epoche oder Region auch immer.

Al-Fārābī, Schüler dreier christlicher Lehrmeister

Al-Fārābī, der in der arabischen Philosophie *al-Muʿallim al-thānī* heißt, was mit „der zweite" oder „der neue Aristoteles" wiedergegeben werden könnte, wurde 872 bei Fārāb in Turkestan geboren und kam in noch jungem Alter nach Bagdad.

Er hatte in Philosophie drei Lehrmeister, die alle drei nestorianische Christen waren. Zuerst begab er sich zum Studium nach Harrān, einer kleinen Stadt im Norden Mesopotamiens, zum nestorianischen Arzt und Philosophen Ibrāhīm al-Marwazī aus Marw,[4] wie sein Name schon sagt. Nach dessen Tod folgt ihm ein weiterer Nestorianer als Philosophielehrer nach, Yaḥyā oder Yūḥannā Ibn Ḥaylān, der sich nach 908 von Marw nach Bagdad begeben hatte. Als auch dieser stirbt, wird die Schule geschlossen. Al-Fārābī zieht nach Bagdad, um dem Unterricht des Lehrmeisters Abū Bishr Mattā Ibn Yūnus zu folgen, eines ebenfalls nestorianischen Philosophen, dessen Aristoteleskommentare erhalten sind.

Als sein Lehrmeister Abū Bishr 940 in Bagdad stirbt und Al-Fārābī der Ansicht war, nichts mehr zu lernen zu haben und ausreichend gebildet zu sein, hielt ihn nichts in Bagdad. Als der Hamdānidenprinz Sayf al-Dawlah ihn 942 auf seinen Hof einlädt, verlässt Fārābī Bagdad und begibt sich nach Aleppo, wo er bis zu seinem Tod bleibt, der 950 in Damaskus eintritt.

Das Goldene Zeitalter: die Epoche der Reife

Yahy Ibn 'Adī (893–974), Haupt der aristotelischen Schule

Während seines Studienaufenthalts in Bagdad war al-Fārābī das, was man heutzutage einen „Repetitor" nennen könnte. Einer seiner Studenten war ein 30 Jahre jüngerer Syrer *(Suryān)* und jakobitischer Christ, Abū Zakariyyā Yahyā Ibn 'Adī (893–974), der zugleich Schüler von Abū Bishr und Fārābī war.

Nach Fārābīs Tod 950 wird nun Yayhā Ibn 'Adī der philosophische Lehrmeister der muslimischen Welt. Von überall her erreichen ihn Fragen philosophischer Art. Er hat uns ein ansehnliches Œuvre hinterlassen, etwa ein Hundert Werke, darunter eine kleine mathematisch-geometrische Abhandlung, die wie seine meisten Traktate wenig bekannt ist. Der Kommentator dieses Textes hat die Tatsache unterstrichen, dass Yahyā als erster die Idee der Unterteilung einer Fläche durch ein bestimmtes Verfahren entwickelt hat. Das Abendland hat dasselbe Verfahren erst sechs Jahrhunderte später durch Galilei angewandt.

Bald wird er das Haupt der Bagdader aristotelischen Schule – der berühmtesten des Mittelalters, die noch ein Jahrhundert weiterbestehen wird. Dort wurden bedeutende Philosophen geschult, die uns das Werk des Lehrmeisters Yahyā und besonders das des Lehrmeisters schlechthin, Aristoteles, überliefert haben. Von den namhaftesten dieser Philosophen sind sechs Muslime und vier Christen.

Die griechische Philosophie in Baghdād

In den Wissenschaften und noch mehr in der Philosophie hatten die Syrer die anderen kulturellen Gruppen bei der Assimilation der griechischen Kultur übertroffen. Der größte Teil der Werke Aristoteles' und seiner Kommentatoren war ab dem 6. Jahrhundert ins Syrische übersetzt worden, und diese Bewegung setzte sich noch zu Beginn der abbasidischen Epoche fort. Andere Werke, insbesondere die *Enneaden* Plotins, kursierten unter dem Namen Aristoteles' (das ist die berüchtigte „aristotelische Theologie").

Als nun Anfang des 9. Jahrhunderts die große Übersetzungsbewegung ins Arabische in Gang kam, machten sich die syrischen Christen an die Übersetzung dieser Werke ins Arabische, zuerst auf der Grundlage des Syrischen, dann zur Überarbeitung unter Rückgriff auf das griechische Original. In dieser Epoche arabisierten sich nach und nach die monastischen oder klerikalen Zentren, in denen Aristoteles kommentiert wurde. Eine neue Schule des Denkens bildete sich aus, deren Lehrmeister Christen waren.

Wir streiften schon, wie die Schule von Alexandrien nach vielen Reisen schließlich in Baghdād landete und dass Abū Bishr Mattā Ibn Yūnus ihr Erbe antrat. Er starb 940, und Yaḥyā Ibn ʿAdī (ein Jakobit) leitete die Schule. Dieser wiederum hatte zahlreiche Schüler, von denen zehn besonders herausragen und selbst zu Lehrmeistern wurden – sechs Muslime und vier Christen. Nach seinem Tod führten zwei seiner christlichen Schüler die Baghdāder Schule weiter: Abū ʿAlī ʿĪsā Ibn Zurʿah (942–1008), der Lieblingsjünger, der auch den theologischen Lehrunterricht von Yaḥyā fortführte, und al-Ḥasan Ibn Suwār, genannt Ibn al-Khammār (942–1017).

Ibn al-Khammār hatte drei berühmte Schüler: ʿAlī Ibn al-Ḥusayn Ibn Hindū, einen persischen Muslim († 1018), Abū Sahl ʿĪsā Ibn Yaḥyā al-Masīḥī al-Jurjānī (970–1010), der ein außerordentlicher Arzt war und *Centurien* (Aussprüche, *al-Miʾah fī l-Ṭibb*) im reinsten Arabisch hinterlassen hat, die noch heute in Gebrauch sind. Zwei berühmte Schüler gereichen ihm zur Ehre: der große Avicenna (980–1037) sowie ʿAbdallāh Ibn al-Ṭayyib († 1043), von dem noch die Rede sein wird.

Von dieser Schule ist uns ein einzigartiges Dokument erhalten: die ordnungsgemäß revidierte und kommentierte arabische Übersetzung des ganzen Aristotelischen *Organon,* der Grundlage des Philosophieunterrichts in Baghdād. Das kostbare Manuskript, die von Ibn al-Khammār zu Beginn des 11. Jahrhunderts kopierte Frucht der Arbeit von Generationen von Philosophielehrern, liegt heute in der Bibliothèque Nationale (Paris).

Geburt eines arabischen interreligiösen Humanismus

Im dritten Viertel des 10. Jahrhunderts interessieren sich mehr Muslime für Philosophie als Christen, und sie studieren alle gemeinsam. Das bedeutet, dass die Christen nicht mehr das Monopol der hellenistischen Kultur haben. Sie sind noch für ein, zwei Generationen deren Lehrmeister, doch die Muslime werden sie bald verdrängen, vor allem sobald alle diese griechischen Texte dank der Übersetzungen durch die Syrer auf arabisch vorliegen. Diese Situation spiegelt auch die neue demographische Lage wider, dass nämlich um 950 die Christen in Bagdad und im Irak nicht mehr in der Mehrheit sind, sondern von den Muslimen der Zahl nach vermutlich überholt wurden.

Andererseits sind die Christen und die Muslime jeweils Schüler der anderen und teilen somit dieselbe Kultur. Es ist in diesem Zusammenhang keine Nebensache, dass Yahyā Ibn 'Adī den großen Kommentar von Tabarī zweimal kopiert hat (die Kairoer Druckfassung umfasst heute 30 Bände), um seinen Lebensunterhalt zu verdienen. Gleichermaßen waren Juden ebenfalls Schüler sowohl von Muslimen als auch von Christen in Philosophie (und vielleicht auch in anderen Fächern wie Medizin).

So entsteht langsam eine neue Weltkultur, die künftig arabischer Zunge ist. Ihr Sockel ist das von den Syrern durchgesehene und korrigierte griechische Denken. Diese neue Kultur kann insofern als Weltkultur bezeichnet werden, als das Abendland zu dieser Zeit (wir befinden uns im 10. Jahrhundert) intellektuell im Finstern wandelt. Man wird zwei oder drei Jahrhunderte warten müssen, bis das Abendland als Schüler der arabischen Welt in gewissen Bereichen die Führung des wissenschaftlichen und kulturellen Prozesses übernimmt.

Als die Kreuzfahrer im Nahen Osten eintreffen, staunen sie tatsächlich über die arabische Wissenschaft; auf der anderen Seite verspotten die Araber in ihren Schriften die Ignoranz der Kreuzfahrer, insbesondere im Bereich der Medizin, während sie ihren Kampfesmut bewundern. So schreiben die arabischen Historiker viele Seiten über die kulturellen Wissenslücken der Kreuzfahrer, indem sie gleichzeitig ihre Barbarei wie ihre militärische Überlegenheit und ihren Kampfesmut unterstreichen.

Das Abendland begreift bald, wie wichtig es wäre, sich diesen kulturellen Reichtum anzueignen, so dass die Väter auf dem zweiten Konzil von Vienne (1311–1312) im Dekret 24 beschließen, den Unterricht in der arabischen Sprache (neben Hebräisch und Chaldäisch) in den vier großen katholischen Universitäten verpflichtend einzurichten: Paris, Oxford, Bologna und Salamanca. Das Arabische wird damals als eine Sprache der Kultur und der Wissenschaft anerkannt, so wie die Renaissance wenig später die Wichtigkeit des Griechischen entdeckt oder heute das Englische ein unverzichtbares Kommunikationsmittel darstellt.

Das herangezogene Motiv ist nicht kulturell, sondern missionarisch: „Es ist unser aufrichtiger Wunsch, dass die heilige Kirche mit Studierenden versorgt sei, welche in der Sprache der Ungläubigen bewandert sind. Diese sollen es verstehen, die Ungläubigen zur christlichen Lebensweise zu führen, um sie durch die Unterweisung im Glauben und den Empfang der heiligen Taufe zu Gliedern des Leibes Christi zu machen." Es unterliegt jedoch keinem Zweifel, dass die kulturelle Dimension gleichwohl fundamental war.

Erarbeitung einer neuen mittelmeerischen Kultur

Der Prozess setzt sich also durch Vermittlung der Christen, die den Muslimen die Wissenschaft weitergeben, von Bagdad aus fort. In allen Hauptstädten der muslimischen Welt verbreitet sich damals eine gemeinsame Kultur, die wir als interkonfessionell im religiösen Wortsinn bezeichnen könnte, weil sie das gemeinsame Werk der verschiedenen religiösen Gemeinschaften angehörenden Untertanen des muslimischen Reiches ist.

So haben die Christen unbestreitbar Pionierarbeit geleistet, indem sie das klassische griechische Erbe assimiliert und vermittelt haben, doch sie sind beileibe nicht die einzigen, die sich dafür interessieren. Andere religiöse Gemeinschaften tragen das Ihre zur Ausarbeitung dieser Kultur bei.

Im mathematischen Bereich beispielsweise sind es die Sabäer von Harrān (die mit den im Koran erwähnten Sabäern nichts zu tun haben, die eine kleine, christlich inspirierte Sekte sind, die Taufriten vollziehen), die diese Vermittlung leisten. Von ihrer religiösen Tradition her interessieren sie sich besonders für Mathematik und Astronomie.

Im medizinischen Bereich waren zahlreiche Juden für ihre Wissenschaft berühmt. So war der Arzt von Salāh ad-Dīn al-Ayyūbī, des großen Saladin (der Sultan von 1171 bis 1193 war), der berühmte Abū 'Imrān Mūsā Ibn Maymūn (latinisiert Maimonides, der auf das abendländische Denken einen gewissen Einfluss nehmen wird). 1135 in Cordoba geboren, flieht er in Fès vor dem Almoravidenfürsten 'Alī Ibn Yūsuf (1106–1142) und sucht in Kairo Zuflucht bei Saladin, wo er 1204 stirbt. Wie alle Juden der arabischen Welt dieser Epoche schrieb er vornehmlich auf arabisch (außer die ausdrücklich religiösen Abhandlungen, die er auf hebräisch schrieb) und wurde anschließend ins Hebräische übersetzt.

Es darf nicht unterschlagen werden, dass auch die spanischen Christen, die in Andalusien leben, ab dem 9. Jahrhundert auf arabisch zu schreiben beginnen. Das stimmt so sehr, dass die einzige Psalmenübertragung in arabischen Versen, von der wir (vor der modernen Epoche) Kenntnis haben, im 9. Jahrhundert (oder vielleicht im 10. Jahrhundert) verfasst wurde, und zwar von al-Hafs Ibn Albar al-Qūtī.

Sein Name allein ist schon Programm: Al-Hafs, ein in Nordafrika berühmter Name (man denke an die maghrebinische Dynastie der Hafsiden, die später Tunesien von 1228 bis 1574 beherrschen wird), Ibn Albar würde heute Alvarez entsprechen, einem in Spanien verbreiteten Namen, und al-Qūtī (das al-Gūtī gesprochen wird) ist die *nisbah,* die auf die Westgoten verweist, die sich 415 in Spanien niederließen und die Vandalen vertrieben (die Andalusien, *al-Andalus,* den Namen gaben).

Diese Person hat die Psalmen aus dem Lateinischen in arabische Verse gebracht und gleichzeitig christianisiert, d.h. eine kleine christusbezogene Einleitung hinzugefügt, die jeden Psalm auf Christus bezieht, wie in den lateinischen Ausgaben der Vulgata des heiligen Hieronymus.

Eine arabische Sprache, die ein kulturelles Werkzeug ist

In Bagdad, der Hauptstadt des abbasidischen Reiches, entstand eine arabische Sprache, die man als modern bezeichnen könnte, weil sie in der Lage war, alle damaligen Wissenschaften zu integrieren.

Als Hunayn Ibn Ishāq sich an die Übersetzung der Werke Galens ins Arabische macht, verfügt er über eine arabische Sprache, die ein armseliges Instrument ist. Er muss häufig auf griechische, syrische oder persische Begriffe zurückgreifen, um das griechische Original wiederzugeben; dadurch hat er die arabische Sprache beträchtlich erweitert. Das betont er selber in einer seiner Abhandlungen, wo er die arabische Sprache im Vergleich zur syrischen kritisiert und ihr mangelndes Niveau in bezug auf das wissenschaftliche Vokabular unterstreicht.

Eineinhalb Jahrhunderte später wird Elias von Nisibis in seiner Kritik des arabischen Vokabulars noch weitergehen, wobei er denjenigen antwortet, die sich damit brüsten, 500 Wörter zur Bezeichnung des Löwen oder des Kamels zu besitzen, und ihnen die tatsächliche Ärmlichkeit der Sprache bei Begriffen der Medizin oder der Pharmakopöe entgegensetzt.

Diese Autoren hatten das Problem genau verstanden, weil sie mehrsprachig waren. Es ist wirklich nicht die Tatsache, dass eine Sprache sehr zahlreiche Synonyme besitzt, die ihren Reichtum und ihre Modernität ausmacht, sondern ihre Fähigkeit, alle Begriffe und alle Realien der Weltkultur auszudrücken.

Diese Frage stellt sich uns heute mehr denn je: Kann man auf arabisch alles ausdrücken, was wir im täglichen Leben gebrauchen und sehen? Um nur ein Beispiel zu nennen: Inwieweit sind wir heute in der Lage, im Bereich der Informatik auf arabisch zu arbeiten? Natürlich haben sich einige Spezialisten daran versucht, in diesem

Bereich dreisprachige Vokabularien zu schaffen, aber das ist bei weitem nicht vom kultivierten Publikum assimiliert worden, vom breiteren Publikum ganz zu schweigen.

Hinter dieser Frage taucht das sehr große Problem der Aktualisierung der arabischen Kultur auf, und unsere mittelalterlichen syroarabischen Autoren hatten das richtig verstanden: Die Sprache muss sich laufend erweitern, indem sie sich den neuen Techniken anpasst, um keine sterbende Sprache zu werden, die aus Mangel an Innovation langsam, aber sicher verlischt.

Den Christen der abbasidischen Epoche gelang es nun aber, Hunderte von technischen Ausdrücken in die arabische Sprache zu integrieren, um alles auszudrücken, was in ihrer Epoche an Wissenschaft und Technik existierte. Aber nach und nach werden diese Christen weniger zahlreich und islamisieren sich mehr und mehr, was ihren Einfluss unausweichlich verringert, so dass er ab dem 12. Jahrhundert recht schwach ist.

Ibn Al-Tayyib († 1043), ein vielseitiger Denker

Auf den vorhergehenden Seiten haben wir aus rein didaktischen Gründen die Wissenschaften, die Philosophie und die Theologie unterschieden. In Wirklichkeit waren unsere Denker selten nur Philosophen oder Ärzte. Sie waren alles dies auf einmal. Ein schönes Beispiel für diese Menschen der abbasidischen Renaissance ist der Scheich Abū l-Faraj 'Abdallāh Ibn al-Tayyib († 1043), der einer der Lehrer Avicennas und der letzte Lehrmeister der Baghdāder aristotelischen Schule war.

In der muslimischen Welt war er als Arzt und Philosoph berühmt.

Sein Werk als Arzt

Als Arzt zog er die jungen Gelehrten von überallher an. Man kennt die Geschichte vom jungen Yabrūdī, der sein Heimatdorf verlässt, um in Damaskus Medizin zu studieren. Nachdem er alle in dieser Hauptstadt angebotenen Möglichkeiten ausgeschöpft hatte, wollte er wissen, wer der Lehrmeister der Medizin auf der Welt schlechthin sei. Als er erfuhr, dies sei Ibn al-Tayyib, begab er sich nach Baghdād, um sein Schüler zu werden. So berichtet es Ibn Abi Usaybi'ah (um 1194–1270), der große Medizinhistoriker, der im 13. Jahrhundert in Damaskus lebte.

Es gibt noch die Geschichte der zwei Perser, die wochenlang gereist waren, um bei ihm in die Schule zu gehen, und die sehr enttäuscht waren, ihn, mit priesterlichen Gewändern angetan, barhäuptig und ein Weihrauchfaß an einer Kette schwenkend, in einer Kirche anzufinden![5] Avicenna, der ihn gern kritisierte – aus purem Neid, wie al-Bayhaqī behauptet –, anerkannte jedoch seine Vortrefflichkeit in der medizinischen Wissenschaft.

Seine medizinischen Schriften sind zahlreich und qualitätsvoll.[6] Von ihm gibt es mehrere Kommentare der Werke Hippokrates', insbesondere des *Buches der Epidemien* und der *Aphorismen,* sowie den Kommentar der *Sechzehn Bücher* von Galen und eine Zusammenfassung dieser Bücher. Er war auch ein meisterhafter Praktiker und wurde zum Chefarzt des großen Bagdāder Krankenhauses ernannt, dem *al-Bīmāristān al-'Adudī.*

Sein philosophisches Werk

In Philosophie war sein Kommentar der Isagoge von Porphyrius ein Klassiker. Sein Kommentar des ganzen Aristotelischen *Organon* diente den Studenten lange als Handbuch. Er kommentierte noch viele Werke Aristoteles' wie die *Rhetorik,* die *Poetik,* den *Sophisten* und das *Buch der Tiere.* Zu Recht nennt ihn al-Shahrastānī, der muslimische Historiker der Sekten und Schulen: Abū l-Faraj *den Kommentator.*[7]

Sein theologisches und religiöses Werk

Doch in der orientalischen christlichen Welt ist Ibn al-Tayyib in dreierlei Hinsicht berühmt.

Zuerst verfasste er als Exeget den vollständigsten Kommentar der ganzen Bibel mit dem Titel *Paradies des Christentums (Firdaws al-Nasrāniyyah)*, der seine Inspiration zugleich von den syrischen Vätern (Īshoʿdād von Marw, Theodor von Mopsuestia usw.) und der aristotelischen Philosophie bezieht. Jahrhundertelang wurde das Werk kopiert und gelesen. Darüber hinaus verfasste er für die Psalmen und die Evangelien erweiterte Kommentare.

Dann ist Ibn al-Tayyib berühmt als Kanonist. Sein *Recht des Christentums (fiqh al-Nasrāniyyah)* ist der erste großangelegte arabische Nomokanon. Er diente 1236 als Grundlage des Nomokanons des Kopten al-Safī Ibn al-ʿAssāl, der ihn in der arabischen Welt dann verdrängte.

Schließlich ist er einer der besten Theologen und Apologeten seiner Zeit, der ein Dutzend Abhandlungen über die Trinität und die Christologie verfasste, die bei den Christen der verschiedenen orientalischen Konfessionen nach ihm noch weit verbreitet waren.

Aus diesen Gründen zogen ihn der Catholicos (der Titel entspricht dem des Patriarchen bei den Nestorianern) Yūhannā Ibn Nāzūk (1012–1022) sowie sein Nachfolger Elias I. (1028-1049) als Privatsekretär heran. Und als Elias, der Bischof von Nisibis, den Bericht seiner Unterredungen mit dem Vizir Abū l-Qāsim al-Husayn Ibn ʿAlī al-Maghribī verfasste *(Kitāb al-Majālis)*, sandte er ihn zuerst Ibn al-Tayyib zu und bat ihn demütig um seine Billigung, bevor er davon Kopien anfertigen ließ. Denn Ibn al-Tayyib war in der damaligen nestorianischen Gemeinschaft verantwortlich für das Imprimatur.

Dabei blieb der Priester Ibn al-Tayyib immer ein Mönch, der trotz seiner großen wissenschaftlichen, politischen oder administrativen Verantwortlichkeiten so weit wie möglich sein monastisches Leben zu führen versuchte. Bei aller Wissenschaft, sagte er, werden die Sachen der Religion durch Tradition und nicht durch die Vernunft aufgenommen. Er sollte der letzte Vertreter dieser Baghdāder christlichen Schule sein, die das arabische Denken während der entscheidenden Etappe der Assimilation der griechischen Kultur prägte.

Die Ablösung durch die Muslime in der Wissenschaft und der Philosophie

Die Erneuerung des muslimischen Denkens (9.–12. Jahrhundert)

Allerdings sind die Muslime ab dem 9. Jahrhundert in mehr als nur einem Bereich zur Ablösung bereit. Zwei von ihnen leuchten schon zu Anfang des 9. Jahrhunderts: al-Khwārizmī (783–850) in Mathematik und al-Kindī (801–874) in Philosophie.

Der erste, Muhammad Ibn Mūsā al-Khwārizmī, ein Perser, der auf arabisch schrieb (der Sprache der muslimischen Kultur), wurde um 783 in Khiva in der Region des Khwārezm geboren (daher sein Name) und starb um 850 in Bagdad; vom latinisierten Namen des brillanten Mathematikers und Astronomen leitet sich der Begriff „Algorithmus" ab. Überhaupt stammen viele mathematische oder astronomische Begriffe in den westlichen Sprachen aus dem Arabischen, so etwa „Ziffer", „Algebra", „Azimut" etc. Er war es auch, der das System der „indischen" Ziffern (wie man sie auf arabisch nennt) in den Nahen Osten und in das Kalifat von Cordoba brachte, wo sie dann „arabische" Ziffern genannt wurden. Von dort aus hat Papst Sylvester II. (999–1003), geborener Gerbert von Aurillac, sie im Abendland allgemein eingeführt.

Auch das Symbol X, das eine Unbekannte bezeichnet, kommt vom Arabischen, denn die arabischen Gelehrten transkribierten den gesuchten unbekannten Wert mit dem Wort shay' (شي), das in den mittelalterlichen Manuskripten durch den Buchstaben shīn

(ش) bezeichnet wird. Als diese Texte in Spanien ins Lateinische übertragen wurden, gab man dieses Phonem spontan mit einem X wieder. Diese Transkribierung übernahm die ganze Welt. Auf arabisch schreiben wir heute sīn (س), weil die Punkte des shīn im 10. Jahrhundert noch nicht gesetzt wurden; erst ab dem 14. Jahrhundert wurden alle Punkte systematisch in allen Manuskripten transkribiert. So wird deutlich, wie die arabische Kultur in ihrer glorreichsten Epoche die Zivilisation der Welt bis hin zu den mathematischen Symbolen geprägt hat.

Abū Yūsuf Ya'qūb ibn Ishāq al-Kindī (801–874), genannt der „Philosoph der Araber", übernimmt die aristotelische Philosophie und gibt ihr eine platonische Färbung. In der *Ersten Philosophie (Al-Falsafa al-Ula),* seinem Hauptwerk, definiert er die Metaphysik als „die Erkenntnis der Ersten Wirklichkeit, Grund aller Wirklichkeit". Er bekundet seinen Stolz, auf dem griechischen Denken zu fußen, wobei doch diese Disziplin Teil der „eingedrungenen Wissenschaften" *(al-'ulūm al-dakhīlah)* war, wie man sie in der muslimischen Welt nicht ohne Abwertung nannte. Ganz im Gegenteil bezeugt Kindi einen großen Respekt für die Wissenschaften der Griechen.

Was den Einfluss der Philosophen auf das mittelalterliche Abendland betrifft, insbesondere den von Averroës auf die lateinischen Denker des 13. Jahrhunderts mit dem heiligen Thomas an der Spitze, so ist er hinreichend bekannt. Die Übersetzungsbewegung des Arabischen ins Lateinische bezeugt ihn. Dass der heilige Thomas Averroës dutzendemale in seiner *Summa theologica* zitiert und stets mit „dixit Commentator" einleitet, sagt viel über den Einfluss aus, den Ibn Rushd zu dieser Zeit als Kommentator von Aristoteles ausübte.

Niedergang und Verfall der arabischen Kultur (14.-18. Jahrhundert)

Auftakt eines Niedergangs
Ibn Khaldūn (1332–1406) hat gezeigt, wie die Zivilisationen wachsen und sich nach und nach entwickeln, bis sie ihren Höhepunkt erreichen und dann in Folge des Phänomens der Verbürgerlichung der Gesellschaft verfallen und zuletzt verschwinden.

Tatsächlich fällt Bagdad 1258 unter den Schlägen Hūlagū Qāns des Mongolen († 1265). In der Zwischenzeit, schon ab 969 unter den Fatimiden, die sich von Bagdad gelöst haben, und mehr noch 1174 unter den Ayyubiden, läuft Kairo Bagdad den Rang ab.

Der Aufschwung findet mit den ersten Bahri-Mamluken von 1250 bis 1381 statt; obwohl sie Krieger und Turken sind, führen sie die arabische Kultur auf bewundernswerte Weise fort. Im Anschluss verfolgen die tscherkessischen oder Burdschi-Mamluken (1382–1516) diesen Aufschwung bis ins 15. Jahrhundert weiter, bis der Niedergang sich nachhaltig bemerkbar macht und in der Eroberung der arabischen Welt durch die Osmanen 1516–1517 mündet.

Die Enzyklopedien
Das 13. Jahrhundert ist das große Jahrhundert der Enzyklopädien, die das Erbe der vergangenen Jahrhunderte sammeln. Bei den Christen hat dieses Phänomen früher eingesetzt, im 11. Jahrhundert beispielsweise mit zwei großen irakischen Enzyklopädien: dem *Turm (al-Mijdal)* des Nestorianers ʿAmr Ibn Mattā und dem *Führer (al-Murshid)* des Jakobiten Yaḥyā Ibn Jarīr.

Diese Welle erreicht ihren Höhepunkt bei den Kopten im 13. und 14. Jahrhundert mit den großen Summen wie der koptischen *Theologischen Summe (Majmūʿ Uṣūl al-Dīn wa-Masmūʿ Mahṣūl al-Yaqīn)* von Muʾtaman al-Dawlah Ibn al-ʿAssāl, oder der *Kostbaren Perle (Al-Jawharah al-Nafīsah fī ʿUlūm al-Kanīsah)* von Yūhannā Ibn Sabbāʿ, oder der *Lampe der Finsternis (Misbāḥ al-Zulmah fī Īdāh al-khidmah)* von Shams al-Riyāsah Abū l-Barakāt Ibn Kabar († 1324). Dies war dem Bewusstsein vom baldigen Verschwinden der christlichen arabischen Kultur geschuldet und also der Notwendigkeit, sie in Enzyklopädien zu kompilieren.

Im 14. Jahrhundert werden einige Projekte noch realisiert, aber es sind die letzten, und zwar nicht nur bei den Christen, sondern ganz allgemein im arabischen Denken, wobei man den Tunesier Ibn Khaldūn (1332–1406) besonders erwähnen muss, der ein Vorläufer in der Geschichtsphilosophie und ein Soziologe vor der Zeit war.

Im 15. Jahrhundert verdienen einige prägende Persönlichkeiten hervorgehoben zu werden, insbesondere der berühmte muslimische Enzyklopädist al-Suyūtī (aus Asyut) († 1505), der mehrere hundert Werke in allen Wissensgebieten verfasste: von den Erdbeben zum Korankommentar, von der Linguistik bis zur Philosophie, von der Logik zur Mathematik, ohne zu behaupten, Neues vorzustellen, es sei denn eine Kompilation des gemeinsamen Erbes.

Diese Projekte enzyklopädischer Art, die nur Ansammlungen älteren Materials sind (im Gegensatz zu den französischen Enzyklopädisten des 18. Jahrhunderts), sind für eine Periode des Verfalls ganz repräsentativ.

Dieses „Zeitalter des Verfalls" *('asr al-inhitāt),* wie ihn für gewöhnlich unsere Handbücher der arabischen Literatur nennen, wird 1516 durch die Invasion der Osmanen noch verstärkt, welche die Mamluken vertreiben, die Syrien 258 Jahre lang besetzt hatten. Das trieb die arabische Welt nur noch stärker in ihren Niedergang hinein, und es brauchte eine neue Inspirationsquelle, um einen Schub in diesen Bevölkerungen hervorzurufen: dieser kam vom Abendland, das seinerseits buchstäblich eine Renaissance erlebte. Diese Renaissance müssen wir uns aus der Nähe ansehen, besonders aus dem christlichen Gesichtspunkt, weil es diese Dimension ist, die den Orient zuerst beinflussen wird.

Nachdenken über die abbasidische Renaissance

Die abbasidische Renaissance war insbesondere das Resultat einer langsamen Assimilierung der griechischen Kultur und dann der syrischen und persischen Traditionen. Dieses Phänomen geht weit über eine Akkulturation hinaus. Ende des 10. Jahrhunderts ist das griechische Denken integrierender Bestandteil der arabischen Kultur, obwohl die konstitutiven Elemente beider Kulturen noch häufig unvermittelt nebeneinander stehen. Der 987 verfasste *Fihrist* von al-Nadīm mit seinen zwei aufeinanderfolgenden Überarbeitungen ist der zuverlässigste Zeuge für diese Lage der Dinge.

Ab dem 11. Jahrhundert fließen die beiden Quellen immer mehr ineinander über. Bei den muslimischen Denkern geschieht die Assimilation des griechischen Denkens auf langsamere und zurückhaltendere Art. Der typischste Fall dafür ist zweifellos der des Imams Ghazālī († 1111), der zu einem harmonischen Gleichgewicht von Glaube und Vernunft gelangt, jedoch mit einem deutlichen Vorherrschen des von der „Herzenswissenschaft", der Mystik iranischen Ursprungs, erneuerten und belebten traditionellen arabo-islamischen Elements.

Bei den christlichen Denkern erfolgt die Integrierung des griechischen Denkens in größerem Ausmaß. Die Beispiele dafür sind recht zahlreich. Es handelt sich um die dogmatischen, moralischen und spirituellen Werke des Nestorianers Elias von Nisibis († 1046), um die religiöse Enzyklopädie mit dem Titel *Der Führer* des Syro-Jakobiten Yaḥyā Ibn Ǧarīr al-Takrītī († um 1080), um die theologisch-patristischen Werke des Melkiten 'Abdallāh Ibn al-Faḍl al-Anṭāki (Ende des 11. Jh.) und später um die *Theologische Summe (Maǧmū' Uṣūl al-Dīn)* des Kopten Mu'taman al-Dawlah Ibn al-'Assāl, die kurz nach 1260 verfasst wurde.

Zur Zeit dieser Renaissance waren es die Christen, welche die wesentliche Rolle bei der Überlieferung und Integrierung dieses griechischen Denkens spielten. Doch das war nur möglich dank der Offenheit der führenden muslimischen Schicht, die eine Ahnung vom möglichen Reichtum dieses Beitrags hatte und die Weisheit besaß, diejenigen zu ermutigen, die diese Inkulturationsbewegung bereits vollzogen hatten, nämlich die Christen der syrischen und griechischen Kultur.

Die intellektuelle Renaissance: Wiederentdeckung der Antike in Italien und in Europa

Die Lexika definieren die Renaissance als einen intellektuellen Aufschwung, der von Italien aus ganz Europa erfasst und der von einer Rückbesinnung auf die antiken griechisch-römischen Ideen und Kunstwerke ausgelöst wurde. Kennzeichnend für die Renaissance war auch die Ablösung von den mittelalterlichen Werten, die mit der Feudalherrschaft verbunden waren, zugunsten einer „Neugeburt" der antiken Werte in der gesamten europäischen Zivilisation.

Diese Bewegung wird stark von der Erfindung Gutenbergs († 1468), angestoßen: eine Druckpresse und eine Tinte, die ein beidseitiges Bedrucken des Papiers ermöglicht. Er ersetzte die Holzlettern durch metallische, wodurch er die typographische Technik verbesserte. Nach Verlust seines Prozesses gegen Johann Fust musste er seine 42zeilige Bibel um 1457 aufgeben, doch der Adelsschlag durch den Erzbischof von Mainz erlaubte es ihm, sein Werk wiederaufzunehmen. Diese Erfindungen ermöglichten künftig die Verbreitung der Kenntnisse in ganz Europa.

Die Renaissance in Italien

In Italien taucht der *Rinascimento,* die Renaissance mit der Wiederentdeckung der Antike, insbesondere der griechischen Welt, zweifellos am deutlichsten auf. Man muss sich vor Augen halten, dass so berühmte Denker wie Thomas von Aquin kein Griechisch konnten; die Kenntnisse, die er von Aristoteles hatte, bezog er von den Arabern als Vermittlern und insbesondere dank Averroës, einer der größten Gestalten der arabischen Kultur im Abendland, die in der muslimischen und in der arabischen Welt bis heute das Symbol der Modernität bleibt.

Im Bereich der Kunst wird die Renaissance, was bei vielen Anstoß erregt, von den Päpsten sehr gefördert: insbesondere die Skulptur, namentlich Michelangelo (1475–1564).

Während für Leonardo da Vinci (1452–1519) die Malerei als magischer Spiegel der Natur der Gipfel der Kunst ist, spielt für Michelangelo die Skulptur diese Rolle. Für ihn stand das Heil der Seele im Mittelpunkt seiner künstlerischen und intellektuellen Anliegen und er trachtete immer nach einer Synthese von griechischer Weisheit (besonders dem Neuplatonismus) und christlichem Glauben.

Der wichtige Platz, der Statuen eingeräumt wird, lässt die Sakralkunst eine bedeutende Schwelle überschreiten und spiegelt eine neue Sicht des Glaubens wider, denn bis dahin waren nur die Ikonen vorherrschend. Der Papst förderte die Bildhauerkunst einschließlich nackter Statuen, die seitdem schamhaft bedeckt wurden.

So setzt sich eine neue Geburt in Gang, die man als eine Renaissance bezeichnet und in der das Abendland die antike griechische Kultur wiederentdeckt.

Die Renaissance in Frankreich

In Frankreich verdankt man dem Philosophen, Theologen und Humanisten Jacques Lefèvre d'Étaples (1450–1537) eine der ersten französischen Bibelübersetzungen (1530) sowie die Übersetzung mehrerer Werke von Aristoteles, darunter das *Organon*, das er 1501–1503 veröffentlicht.

Sein Landsmann Guillaume Budé (1467–1540), der Lehrer Calvins, ein gelehrter und herausragender Gräzist, lässt griechische Manuskripte sammeln und erreicht von König Franz I. die Gründung des *Collège de France* 1530, aus dem 1534 das *Collège des Trois Langues* mit Griechisch, Hebräisch und Latein wird. Im 1535 geschriebenen *De transitu hellenismi in Christianismum* drückt er seine Überzeugung aus, dass die Liebe zur Literatur zum besseren Verständnis der christlichen Wahrheiten führt. Ab 1507 übersetzt er Platon ins Französische.

Er korrespondiert mit dem großen flämischen Humanisten Desiderius Erasmus (1469–1536), einem maßvollen und behutsamen Denker, der das Studium der Alten mit den Lehren des Evangeliums zu versöhnen suchte und von allen Liebhabern der Antike als ihr Meister anerkannt wurde.

Robert Estienne (1503–1559), der 1524 die väterliche Druckerei leitet, wird 1539 königlicher Drucker und veröffentlicht zwischen 1528 und 1546 seine *Bible* in Latein, Hebräisch und Griechisch. Von ihm stammt das Numerierungssystem der Bibelverse.

Der Orientalist Guillaume Postel (1510–1581) lehrt Griechisch, Hebräisch und Arabisch am Collège Royal; zeitweise Jesuit predigte er die Aussöhnung von Muslimen und Christen in seinem Werk *De orbis terrae concordia*.

Jacques Amyot (1513–1593) übersetzt Plutarch und beherrscht ebenfalls die drei Sprachen, die den Humanisten ausmachen : Latein, Griechisch und Hebräisch, was doch deutlich zeigt, dass die Renaissance bei aller Rückbesinnung auf die heidnische griechische Antike nie ihre biblische Tradition verleugnet hat.

Die Renaissance und die Wissenschaften

Im Bereich der Medizin verfasst Giulio Cesare Scaligero (1484–1558) wissenschaftliche Arbeiten über Hippokrates, Aristoteles und Theophrast. Der Schweizer Philipp Paracelsus (1493–1541) erneuert die Medizin von Grund auf; er lehrt in Basel und kritisiert Galen und Avicenna.

Mit dem polnischen Kanoniker Nikolaus Copernicus (1473–1543) wächst das Interesse für Astronomie. Sein *De revolutionibus orbium coelestium* entthront den Geozentrismus des Ptolemäus und errichtet den Heliozentrismus. Seine Forschungen werden vom Italiener Galilei (1564–1642) und vom Deutschen Johannes Kepler (1571–1630) fortgeführt und erweitert.

Die Geographie macht Riesenschritte. Die Entdeckung neuer Landstriche (was das Studium der Sterne, den Gebrauch des Kompass etc. voraussetzt) eröffnet den menschen dieser zeit neue Horizonte. Das verdankt man den großen portugiesischen Seefahrern wie Christoph Columbus (1451–1506) der nach dem Studium der *Geographie* des Ptolemäus Amerika entdeckt, und Vasco da Gama (1469–1524), der 1497 den Seeweg nach Indien entdeckte. Die Welt beschränkt sich danach nicht mehr auf das Mittelmeer und Europa.

Die Renaissance in Spanien

Im künstlerischen, literarischen und wissenschaftlichen Bereich führt zweifellos Italien Europa an, gefolgt von Frankreich und Deutschland, doch im politischen Bereich ist Spanien führend, gefolgt von Portugal.

Zwei Ereignisse bestimmen die Geschichte des katholischen Spanien Ende des 15. Jahrhunderts. Zum einen die Bewegung der *Reconquista,* mit der die Mauren nach und nach aus Spanien vertrieben werden. Sie begann mit der Eroberung Cordobas 1236 und fand mit der Einnahme Granadas 1492 ihren Abschluss unter der Regierung der „Katholischen Könige" Ferdinand II. von Aragon (1452–1516) und Isabelle von Kastilien (1451–1504).

Zum anderen erfolgt die Entdeckung Amerikas ebenfalls unter ihrer Regierung und damit einhergehend die Ausweitung des Katholizismus und des missionarischen Aufschwungs und nicht zuletzt der Aufstieg Europas mit einem ausschlaggebenden Platz für Spanien und Portugal.

In Spanien ist der berühmteste Humanist Anfang des 16. Jahrhunderts zweifellos Juan Luis Vivés (1492–1540). Als Professor in Löwen schrieb er ein brillantes Pamphlet gegen die Scholastik der Sorbonne, den *Adversus Pseudo-dialecticos.* 1523 wird er nach Oxford berufen und wurde am Hof Heinrichs VIII. Lektor der Königin Catherine und Präzeptor der künftigen Mary Tudor. Daher seine Werke über die *Institution der christlichen Frau* (1523) und über die *Pflichten des Gatten* (1529). 1526 verfasst er zwei Werke über die Konflikte mit der Türkei und die Lebensumstände der Christen dort. 1529 folgen zwei Bücher über den Frieden und 1538 eine eingehende psychologische Studie über *Das Leben und die Seele*. Sein Werk krönte das posthume Werk *Über die Wahrheit des christlichen Glaubens*. Vivés ist ein Vorläufer von Bacon und Descartes und kündigt die empiristische Strömung an, die im 17. Jahrhundert Locke fortführen sollte.

Francisco Jiménez de Cisneros (1436–1517), ein Franziskaner strikter Observanz, gründete als Bischof von Toledo die Universität von Alcala, um gegen die religiöse Ignoranz vorzugehen. Er berief Professoren aus Salamanca und Paris um Griechisch und Hebräisch zu lehren. Als Kardinal und Großinquisitor (1507) ließ er den Gebrauch der Ablaßbriefe in Spanien verbieten. Er organisierte die Erarbeitung der mehrsprachigen Bibel, der Complutensis, mit Hebräisch, Chaldäisch, Griechisch und Latein (in Alcala zwischen 1517 und 1522 in 6 Bänden erschienen).

1526 übersetzt der vom Großinquisitor Alonso Manrique († 1538) protegierte Archidiakon Alonso Fernandez den Enchiridion von Erasmus ins Spanische. Der Riesenerfolg zog eine große nationale Debatte in Valladolid im März 1527 nach sich, wo die Erasmischen Ideen so sehr obsiegten, dass Kaiser Karl V. höchstselbst am 13. Dezember 1527 darüber an Erasmus einen Brief schrieb. Das bestärkte die spanischen Intellektuellen nur noch mehr in ihrer Wertschätzung Erasmus'.

Auch die nachfolgende generation wartet mit großen Namen auf. Der Jurist und Dominikanertheologe Francisco de Vitoria (1483/92–1546) erarbeitete 1539 in Zusammenhang mit der Eroberung „Indiens" die bemerkenswerte Reflexion über den „gerechten Krieg"; dem Jesuitentheologen Francisco Suarez (1548–1617) ging ein solcher Ruf voraus, dass Papst Gregor XIII. 1580 seine erste Vorlesung in Rom besuchen kam und Paul V. (1605–1621) ihn bat, die Irrtümer des englischen Königs Jakob I. zu widerlegen; der Dramatiker Felix Lope de Vega (1562–1635) übte Einfluss auf Frankreich und ganz Europa aus, der Romancier Miguel de Cervantès (1547–1616), Autor des *Don Quichotte*, der Maler El Greco (1541–1614).

Die religiöse Renaissance: das Konzil von Trient (1545–1563)

Diese intellektuelle Renaissance, welche die Denker des 19. Jahrhunderts verblüffte, die dieser Epoche ihren Namen gaben, wird meiner Meinung nach nicht der weitaus reichhaltigeren Wirklichkeit dieser Epoche gerecht. Denn neben dieser Rückkehr zur heidnischen griechisch-lateinischen Antike gab es eine wirkliche intellektuelle und spirituelle Renaissance, die von der protestantischen Anfechtung angestoßen, aber schließlich von den Päpsten und den Dutzenden großer heiliger Gestalten dieses Jahrhunderts übernommen wurde. Für den Orient ist diese zweite Dimension die prägendere, weswegen wir sie wenigstens kurz skizzieren müssen.

Die katholische Reform und das Konzil von Trient (1545–1563)

Ende des 15., Anfang des 16. Jahrhunderts ist die Lage der katholischen Kirche nicht gerade rosig, und Rufe nach einer Reform werden laut. Selbst einige Päpste sind von Korruption erfasst. Das Laterankonzil (1512) ist unfähig, diese Reform in Angriff zu nehmen.

Dies führt zur Reaktion einiger „Reformatoren", insbesondere zu der Martin Luthers (1483–1546), die zu furchtbaren Religionskriegen unter Christen und zum schwersten Schisma in der Kirche des Abendlands sowie zum Entstehen der protestantischen Bewegung führen.

Der von Luther und der antipäpstlichen Bewegung ausgehende Sog führt schließlich zu einer Gegenreformation oder – genauer gesagt – zu einer katholischen Reform, die mit Paul III. (1534–1549) begann und von seinen Nachfolgern Julius III. (1550–1555), Paul IV. (1555–1559), Pius IV. (1559–1565), Pius V. (1566–1572), Gregor XIII. (1572–1585) und Sixtus V. (1585–1590) fortgeführt wurde. Paul III. berief das Konzil von Trient ein (1545–1563), doch Luther starb wenige Monate später und konnte nicht die Ergebnisse des Konzils erleben.

Das Konzil von Trient nahm sich eine Überprüfung aller grundlegenden Punkte der katholischen Lehre sowie aller kirchlichen Organisationen vor. Die meisten dogmatischen Elemente wurden untersucht und präziser definiert, die Kultpraktiken wiederbestätigt (Sakramente, Verehrung Mariens und der Heiligen, Bilder). Die Disziplin wurde wiederhergestellt: Zölibat der Priester, Residenzpflicht der Bischöfe in ihrer Diözese, Verbot der Bistumskumulation.

Der Kanon der Heiligen Schrift wurde fixiert, und man ging daran, eine offizielle Bibelversion auf der Grundlage der lateinischen Vulgata des heiligen Hieronymus (Bethlehem 390–405) vorzubereiten, die Sixtus V. bestimmte (1590) und Clemens VIII. verbesserte (1592).

Man verfasste einen *Katechismus* (1566), ein *Brevier* (1568), ein *Römisches Missale* (1570) und einen *Korpus* des kanonischen Rechts, den Pius V. in Angriff nahm und Gregor XIII. promulgierte. Unter Pius V. und Sixtus V. wurde die römische Kurie reformiert. Und schließlich gründete man Seminarien und Kollegien.

Die meisten dieser Reformen hatten vermittels der Missionare und des in Rom ausgebildeten maronitischen Klerus unmittelbaren Einfluss auf den christlichen Orient im nachfolgenden Jahrhundert.

Mit dieser Epoche geht eine Schar großer Heiliger einher, welche die katholische Kirche von innen reformieren, vor allem in Italien und in Spanien.

In Italien Angela Merici (1474–1540, Gründerin der Ursulinen), Kajetan von Thiene (1480–1547, Gründer der Theatiner 1521), Antonio Maria Zaccaria (1502–1539, Gründer der Barnabiten 1530 und der „Angeliken", der Englischen Schwestern vom hl. Paulus), Philipp Neri (1515–1595, Gründer des Oratoriums), Karl Borromäus (1538–1584, Neffe und Sekretär Pius' IV.), Robert Bellarmin (1542–1621) und sogar Aloysius von Gonzaga (1568–1591).

In Spanien Ignatius von Loyola (1491–1556, Gründer der Jesuiten 1534, bestätigt 1540), Teresa von Ávila (1515–1582, Reformatorin des Karmel) und Johannes vom Kreuz (1542–1591, karmelitischer Mystiker).

Andere Heilige, welche die Kirche reformieren, tauchen in ganz Europa auf, wie der Flame Petrus Canisius (1521–1597).

Die Rolle Papst Gregors XIII. (1572–1585)

Doch zurück zu den Auswirkungen des Trienter Konzils und der katholischen Reform. Den entscheidenden Anstoß gibt meiner Meinung nach Papst Gregor XIII., dessen Rolle ein wenig verkannt wird. Er baut die Missionen aus und vermehrt die Nuntiaturen. Er veröffentlicht die unter Pius V. in Arbeit genommene Sammlung des kanonischen Rechts.

Der eigene Akzent seines Pontifikats ist der Wille, aus Rom eine intellektuelle Hauptstadt zu machen. Zu diesem Zweck errichtet er 1577 das Dominikanerkolleg unter dem Namen *Angelicum* als Universität. Weitaus wichtiger noch ist 1585 die Errichtung des Römischen Jesuitenkollegs (vom hl. Ignatius 1551 gegründet) als „Gregorianische" Universität, das *Gregorianum,* wo die berühmtesten Jesuiten, hauptsächlich italienische und spanische, einen Unterricht von außerordentlicher Qualität erteilen. Aus diesem Kolleg entstand die berühmteste katholische Universität der Kirche, die noch heute eine große Anzahl von Bischöfen der ganzen Welt ausbildet.

1582 erlässt er die Reform des universalen, „Julianisch" genannten (mit Bezug auf Julius Caesar, der ihn promulgiert hatte) Kalenders, dank der Arbeiten der jesuitischen Mathematiker der Gregoriana, vor allem Christoph Klau, genannt Clavius (1537–1612): aus dieser Reform erwuchs der berühmte „Gregorianische Kalender", der 10 Tage übergeht und vom 4. direkt auf den 15. Oktober 1582 springt.

Er gründet oder reorganisiert zahlreiche Kollegien, die im allgemeinen den Jesuiten anvertraut werden, um dort Priester für die protestantischen Länder auszubilden: das Germanische Kolleg, das

Ungarische und das Englische. Er denkt auch an die Orthodoxie und führt eine überaus aktive Diplomatie bis hin zum russischen Hof, gleichzeitig gründet er das *Collegio Greco*. Seitdem kommt die Elite des europäischen Klerus zur Ausbildung nach Rom, und so verfügen die Päpste vor Ort über herausragende Theologen.

Dieser letzte Punkt ist von enormer Bedeutung für die arabische *Nahḍah* des 19. Jahrhunderts, wie wir noch sehen werden. Denn die Schaffung dieser Seminarien neuen Typs und die Kollegien unter Führung der Jesuiten, die eine beträchtliche Erfahrung in der Erziehung erworben hatten, dienen im 17.–18. Jahrhundert den von den Missionaren im Nahen Osten eingerichteten Kollegien als Vorbild, die wiederum die Pflanzstätten der arabischen Renaissance sind.

Giambattista Eliano und die Kirchen des Orients

Aber der Nahe Osten beansprucht noch nicht viel Platz in diesen Projekten, und Gregor XIII. beschließt, einen Legaten zu senden, um mit den Kirchen des Orients in Verhandlungen zu treten.

Damals nun gab es in Italien einen Alexandrinischen Juden aus einer sehr berühmten Rabbinenfamilie, der sich zum Katholizismus bekehrt hatte. Er trat noch zu Lebzeiten des heiligen Ignatius der Gesellschaft Jesu bei und nahm den Namen Giambattista Eliano an.

Giambattista Eliano wird 1561 zuerst mit P. Christoph Rodriguez nach Ägypten gesandt. Als gebürtiger Alexandriner sprach er das ägyptische Arabisch. Diese erste Reise führt zu keiner Annäherung mit der koptischen Kirche, und Eliano kehrt 1563 nach Venedig zurück. Dann lehrt er bis 1577 auf Bitten Pius' V. Hebräisch und Arabisch am Römischen Kolleg. Aber Eliano beherrschte ebenfalls das Chaldäische (d.h. Syrisch).

Man entsandte ihn 1578–1579 dann in Begleitung eines Mitbruders ein erstes Mal in den Libanon, ein zweites Mal 1580–1582. Dort leben Christen, die vom spirituellen und allen anderen Gesichtspunkten her Rom sehr nahestehen: die Maroniten. Nach seiner Ankunft in Tripoli am 29. Juni 1580 bereitet er die Versammlung einer maronitischen Synode vor, die vom 15.–17. August 1580 in Qannūbīn gehalten wurde.

Langsam beginnt er eine Vision seines Projekts zu formen. Da die maronitische Kirche die einzige katholische Kirche im Orient ist, muss man ihr dazu verhelfen, das Zentrum der orientalischen Katholizität zu werden. Doch angesichts der Schwierigkeiten, in denen sie sich befindet, entwirft Eliano die geniale Idee (die Papst Gregor XIII. nicht ohne weiteres billigte[8]), in Rom nach dem Vorbild der für die Länder des Nordens geschaffenen Kollegien ein Maronitisches Kolleg zu gründen, um junge Seminaristen auszubilden.

Parallel dazu und gemäß der Bestimmungen des Trienter Konzils beschließt er, die (liturgischen und theologischen) Bücher von Anspielungen auf den Monophystismus zu reinigen, denn die jakobitischen Syrer stellen noch eine Gefahr im libanesischen Gebirge dar.

Er begibt sich auch in den Norden, insbesondere in das Gebiet von Ḥaṣrūn, wo er vielen jungen Menschen begegnet, die in äußerst schwierigen Verhältnissen leben, denn die osmanische Besatzungszeit ist noch nicht vorbei. Kurz darauf begibt sich Eliano nach Zypern, wo er einer viel freieren und hellenisierten maronitischen Gemeinschaft begegnet, die Griechisch, ein wenig Arabisch und Syrisch spricht. Eliano bringt von Zypern eine gewisse Anzahl Dokumente nach Italien bringt, wo er seinen Bericht über die Situation im Orient verfasst.

Man lässt also noch Jugendliche (aus den Bergregionen des Libanon oder von Zypern) nach Rom kommen, wo sie studieren und sich mit allen neuen Disziplinen, mit der Kunst und mit der Wissenschaft vertraut machen (wir sind mitten im Rom der Renaissance). Sie erlernen Sprachen, vor allem Latein und Italienisch, und vervollkommnen ihre Kenntnisse des Syrischen und des klassischen Arabisch, die damals auf seiten der Christen im allgemeinen sehr schwach waren. Einige von ihnen erlernen auch das Griechische oder Französische. Sie hören philosophische und theologische Vorlesungen an der Gregorianischen Universität und öffnen sich der Kultur der Renaissance.

Eliano reist wieder nach Ägypten (1582–1585), um erneut eine Vereinigung mit der koptischen Kirche zu versuchen, wozu ihn die Anwesenheit des syrischen „jakobitischen" Patriarchen Ignatius Ni'matallāh in Rom (ab 1578) ermutigt hatte.[9] Doch das scheitert, was teils der begriffsstutzigen Haltung der römischen Milieus geschuldet ist. Leider stirbt der Patriarch am Vorabend der Unterzeichnung der Vereinigungsurkunde mit Rom, offenbar vergiftet. Dieses tragische Ende schreiben die Kopten der göttlichen Vorsehung zu, die solchermaßen die koptische Kirche vor dieser Vereinigung bewahrt hätte, die in ihren Augen ein Affront gewesen war. Eliano starb am 3. März 1589 in Rom.[10]

Das Maronitische Kolleg von Rom (1584)

Das Projekt, das Eliano vorschwebte, sah die Ausbildung von Maroniten, die ja Katholiken sind, in Rom vor. Bereits 1578 hatte er zwei maronitische Seminaristen mit sich gebracht, die Vorlesungen am Römischen Kolleg hörten; andere folgten ihnen von 1581 bis 1584, dem Gründungsjahr des Maronitischen Kollegs durch die Bulle Papst Gregors XIII. *Humana sic ferunt* vom 5. Juli 1584. Dieses Maronitische Kolleg folgte dem Vorbild des 1577 durch denselben Papst gegründeten Griechischen Kollegs, dem des Germanischen und dem des Englischen Kollegs. Wie diese und alle anderen neuen Kollegien wird auch dieses dem jungen Jesuitenorden anvertraut.

Diese Maroniten vom Libanongebirge oder aus Zypern, von denen wir über Listen die Namen, das Alter und zusätzliche Details kennen, sind in Rom hingerissen von der Begegnung mit dem Abendland. Diese jungen Christen sind vom intellektuellen, künstlerischen und spirituellen Reichtum fasziniert, der sich ihren Augen bietet. Italien ist ja, wir sagten es bereits, das Herz der europäischen

Renaissance, und ganz Europa eilt dorthin, um in die Schule der Italiener zu gehen.

So stürzen sich unsere jungen Seminaristen in alle Disziplinen hinein, studieren Mathematik und die Wissenschaften, Geschichte und Geographie, besonders auch Philosophie und Theologie, Moraltheologie und kanonisches recht, Exegese und Sprachen. Sie können schon Arabisch und Syrisch und lernen noch Hebräisch und Griechisch, von modernen Sprachen (Italienisch und manchmal Spanisch) ganz zu schweigen. Schnell werden sie zu richtigen kleinen Genies.

Erste gedruckte arabische Werke: Gebetssammlungen

Diese jungen maronitischen Seminaristen brauchten ein Gebetbuch in ihrer Sprache. Sehr wahrscheinlich hat es Eliano kurz vor seinem Tod zusammengestellt: es ist seiner Mentalität entsprechend ein Gemisch, das er 1586 in Rom in Druck gibt. Heute ist das Buch eine absolute Rarität.

Diese Sammlung ist eigenartig: Es finden sich darin syrische Gebete, die dem heiligen Ephräm entliehen sind, sowie andere Gebete der maronitischen Tradition, lateinische Gebete wie Marienlitaneien und vor allem Heiligenlitaneien (denn damals beteten die Jesuiten täglich die Heiligenlitaneien), Gebete für jeden Tag der Woche, die einem noch unveröffentlichten Manuskript des koptischen Theologen Mu'taman al-Dawlah Ibn al-'Assāl entnommen sind (verfasst um 1260).

Dieses Buch, das dem täglichen Gebet der maronitischen Gläubigen dient (was das kleine Format unterstreicht), wird auf *garshūnī* veröffentlicht,[11] das heißt auf arabisch, aber mit syrischen Lettern, die damals unter den Maroniten am verbreitetsten waren.

Es war nicht das erste arabischsprachige Druckerzeugnis, denn die Geschichte des arabischen Drucks beginnt in Italien, und das erste jemals auf arabisch gedruckte Buch ist ein kleines Brevier für die katholischen Melkiten mit dem Titel *Kitāb al-Sawā'ī*, 1514 in Fano (an der Adria) gedruckt.

Zwei Jahre später, 1516, ruft der Dominikaner Agostino Giustiniani (1470–1536), der 1512 Bischof von Nebbiu auf Korsika war, den berühmten Mailänder Typographen Pietro Paolo Porro aus Turin zu sich in seine Heimatstadt Genua, um dort den ersten mehrsprachigen Psalter (vorgesehen war in Folge die gesamte Bibel) in acht Spalten drucken zu lassen. Der arabische Text (in der 5. Spalte) beruht auf zwei Manuskripten seiner eigenen Sammlung, einem aus Ägypten und einem aus Syrien. Derselbe Bischof und Orientalist (er hatte in Paris am Collège de France 1518–1522 den Lehrstuhl für orientalische Sprachen inne) war berühmt für seine *Beschreibung Korsikas* und seine *Genauesten Annalen der Republik Genua*.

In dieser Weise geht es zunächst weiter, da die ersten arabischen Bücher für die geistlichen Bedürfnisse der Christen des Orients gedacht sind.

Es ist also evident, dass die ersten gedruckten arabischen Bücher von Okzidentalen gemacht sind, und zwar mit doppelter Zielsetzung: entweder um den orientalischen Christen geistliche Hilfe zu leisten, oder für die orientalischen Gelehrten (das bezeugen die medizinischen Werke Avicennas oder arabische Grammatiken aus dem 16. Jh.).

Die Übersetzungen

Zurück in Aleppo oder im Libanon, bemühen sich viele dieser jungen maronitischen Priester, ihren Landsleuten in Predigten und täglicher Unterweisung zu vermitteln, was sie in Rom empfangen haben. Sie führen neue Formen der Andacht und des Apostolats ein und erneuern vollständig die Verkündigung. Sie erwecken das monastische Leben neu, indem sie es modernisieren und nach dem abendländischen Klosterleben gestalten. Diese Klöster werden zu Zentren mit spiritueller und kultureller Ausstrahlung.

Sie beinnen nach und nach mit der Übersetzung der Bücher, die sie aus Rom mitgebracht haben: aus dem Lateinischen ins Arabische, manchmal auch aus dem Spanischen oder Italienischen – der *lingua franca* der Missionare des 17. Jahrhunderts; in Aleppo beispielsweise, wo die jesuitische Gemeinschaft mehrheitlich aus französischen Missionaren bestand, war doch Italienisch die Korrespondenzsprache mit Rom.

Einige übersetzen die Handbücher, die sie Rom benutzt haben, oder die geistlichen Werke, die sie mehr schätzten.

Auf der intellektuellen Ebene wiederholen sie den Prozess, den die Bagdader Christen im 9.–10. Jahrhundert durchlaufen hatten: sie übersetzen, dann kommentieren sie, und zuletzt produzieren sie vom Abendland inspirierte eigene Werke.

Alle wichtigen Abhandlungen werden vom Lateinischen ins Arabische übersetzt, so die *Theologische Summe* von Thomas von Aquin, die philosophischen Traktate etc. Auch die Bibel wird übersetzt sowie der gewaltige Bibelkommentar des flämischen Jesuiten Cornelius a Lapide (eigentlich van Steen), der auf arabisch *al-Hajarī = a Lapide* heißen wird. Dieses in der ehemaligen „Katholischen Druckerei" von Beirut gedruckte Werk hat auf arabisch nicht weniger als 5000 Seiten.

Ein maronitischer Priester aus Tūlā in der Region von Batrūn, Butrus al-Tūlāwī (1657–1754), übersetzt die gesamte Thomasische Philosophie, das heißt die vom heiligen Thomas durchgesehene Philosophie Aristoteles'. Dieser Priester übersetzt und verfasst zahlreiche Abhandlungen auf arabisch, die noch ungehobene Schätze in unseren Manuskriptdepots in Bkerké, Dayr al-Kraym, Aleppo und woanders sind. In Aleppo bildet er einen der größten Autoren der *Nahdah* aus, Germānos (oder Jibrā'īl) Farhāt, von dem noch die Rede sein wird.

Schulen und Druckereien

Diese Bewegung nimmt eineinhalb Jahrhunderte in Anspruch. Die Maroniten gründen die ersten Schulen abendländischer Art. Man begnügt sich in ihnen nicht mehr mit etwas Syrischunterricht auf der Grundlage der Evangelien und des Psalters (nach dem Beispiel der *madrasah* oder der *kuttāb* der Muslime), sondern lehrt dort auch Geschichte und Geographie, Mathematik und Physik, Grammatik und Rhetorik, alte und moderne Sprachen, Logik und neben der Religion auch Philosophie.

Parallel dazu versuchen sie ab dem zweiten Viertel des 17. Jahrhunderts, die arabische Buchdruckerei einzuführen, die sie in Europa so geschätzt hatten. Im Nahen Osten wird das erste arabische Buch in Quzhayyā auf *garshūnī* gedruckt, also nicht in arabischen Lettern, denn wie gesagt waren nur wenige Maroniten mit der arabischen Schrift vertraut, und die meisten Kleriker schrieben das Arabische auf *garshūnī*.

Bis Ende des 17. Jahrhunderts dauerte es, bis die erste arabische Druckerei entstand, und zwar im katholisch-melkitischen Kloster von Dayr Mār Yuhannā al-Sābigh (= St. Johann Baptist), in Khunshārah im Matn. Sie war die Frucht der Zusammenarbeit des Jesuitenpaters Fromage mit dem berühmten Theologen-Diakon Abdallāh Zākhir. Diese gerade restaurierte Druckerei wurde kürzlich auf der Frankfurter Buchmesse vorgestellt. In Istanbul gab es gedruckte Bücher auf arabisch und hebräisch, aber es gab noch keine in der arabischen Welt. Die Christen sind stolz darauf, die erste Buchdruckerei der arabischen Welt gegründet und so die Modernität in diesen Teil der Welt eingeführt zu haben.

In Ägypten wird erst Napoleon Bonaparte Anfang des 19. Jahrhunderts die arabische Buchdruckerei in Kairo (in Boulac) einführen, so dass die muslimische Welt das gedruckte Buch entdecken kann.

Die Ankunft der Missionare und die Vorboten der Renaissance in Aleppo (17.–18. Jahrhundert)

Die Missionare

Zu Beginn des 17. Jahrhunderts, zwischen 1620 und 1625, kommen die ersten Missionare in Aleppo an: Franziskaner, Karmeliten, Kapuziner und Jesuiten.

Man kann sich die Frage stellen, warum die Wahl der Missionare in erster Linie auf Aleppo fällt. Verschiedene Motive rechtfertigen diese Wahl: Die christliche Gemeinde ist dort zahlreicher als woanders, die Stadt ist darüber hinaus ein sowohl kaufmännisch als auch kulturell dynamisches Zentrum und weitaus bedeutender als Beirut oder Tripoli, die damals noch kleine Städte sind.

Außerdem hat Aleppo den geographischen Vorteil, unweit der Hohen Pforte, Istanbul, und an der Straße nach Mossul gelegen zu sein, womit sich der Weg zum Irak und darüber hinaus bis nach Indien öffnet. Aleppo nimmt somit eine zentrale Stellung ein, mit einer starken Austrahlung nach Damaskus und viel weiter bis in den Irak und nach Indien hinein.

Von einem pastoralen und erzieherischen geistlichen Eifer erfüllt, ziehen diese Missionare die Mengen an, auch wenn die meisten von ihnen sich in gebrochenem Arabisch ausdrücken. Manchmal werden die Predigten auf italienisch gehalten, die ein in Rom ausgebildeter maronitischer Dolmetscher auf arabisch wiedergibt. Oder die Predigt wurde bereits vorher mit einem Maroniten vorbereitet, der sie auf arabisch vorträgt.

Die Maroniten dienen somit als Brückenkopf zwischen den Missionaren und den nichtkatholischen orientalischen Gemeinschaften: Griechen, Armenier und Syrern. Diese fühlen sich von den Missionaren angezogen, denn sie bieten eine Erneuerung in der christlichen Praxis wie in der Spiritualität an, und ihre theologischen Reden sind besser artikuliert und strukturiert, woran es ihren eigenen

Priestern oft mangelt. In der griechisch-orthodoxen Gemeinschaft sind viele Bischöfe philokatholisch. Man muss sich vergegenwärtigen, dass damals die griechisch-katholischen oder syrisch-katholischen Kirchen noch nicht existieren; sie entstehen erst im 18. Jahrhundert.

Diese missionarische Bewegung verbreitet sich unter allen orientalischen Gemeinschaften von Aleppo und von dort aus in die großen Zentren: Damaskus, Saïda und Tripoli. Die Missionare gründen Schulen in den großen Städten, die entweder von ihnen selber oder von Maroniten geleitet werden, die nach und nach ebenso vorgehen.

In der zweiten Hälfte des 17. Jahrhunderts tauchen verschiedene orientalische Orden auf, die ihre Inspiration von den Missionaren beziehen. Sie werden von Aleppinern gegründet, die sich in den entlegenen Gegenden des Libanon niederlassen, insbesondere im Kesruwān-Gebirge, weitab von der Zivilgewalt. Alle inspirieren sich zugleich von der orientalischen (des hl. Basilius oder des hl. Antonius) und der okzidentalen Tradition.

Die arabische Bibel

Im selben Zeitraum wird die moderne christliche arabische Kultur erneut über die Übersetzungen und die Kommentare arabisiert.

Die Christen verlangen nach einer gedruckten Bibel, und Rom beschließt, eine Kommission unter Aufsicht der *Propaganda fide,* der Kongregation für die Verbreitung des (katholischen) Glaubens zu gründen. Die Projektleitung obliegt dem maronitischen Bischof von Damaskus Sarkīs Ibn Mūsā al-Rizzī, dem Bruder des Patriarchen Yūsuf al-Rizzī (1596–1608), der in Rom bis zu seinem Tod am 29. August 1638 daran arbeitete.

Dieses Projekt wurde in Zusammenarbeit mit zahlreichen orientalischen und okzidentalen Gelehrten realisiert, darunter der Karmelit P. Coelestin a Santa Lydwina (1604–1676) und der Kapuziner Tomaso Obicini da Novara, die viele Jahre ihres Lebens diesen Übersetzungsarbeiten gewidmet haben.

Nach mehr als einem halben Jahrhundert eifriger Arbeit und steter Überarbeitungen erscheint 1671 das schönste Werk der ganzen Epoche in arabischer Sprache: die erste vollständige Bibelübersetzung, mit sehr schönen lateinischen und arabischen Lettern und zahlreichen Abbildungen auf Holzstichen verziert.

Germānos Farḥāt (1670-1732)

Die Christen stürzen sich in die Abfassung religiöser Werke (Theologie, Moral, Liturgie, Spiritualität etc.) und profaner Werke (Philosophie, Geschichte und Geographie, Literatur, Poesie, Medizin, Astronomie etc.); das geschieht im Umfeld einer zentralen Person, Germānos Farḥāt, und bereitet so von langer Hand die Renaissance *(Nahdah)* des 19. Jahrhunderts vor.

Zu dieser Zeit, also im 17. Jahrhundert und bis zur Hälfte des 18., hatte das Arabische in der ganzen Bevölkerung und insbesondere unter den Christen ein extrem schlechtes Niveau erreicht. Das war dem allgemeinen kulturellen Verfall und dem aufdringlichen Einfluss des Türkischen geschuldet. Arabisch wird nurmehr in einigen muslimischen Schulen *(kuttāb)* unterrichtet und an allen Orten, in denen künftige Imame ausgebildet werden, die *mashāyikh,* insbesondere an der Azhar in Kairo. Außerhalb dieses eher engen Kreises ist das klassische Arabisch wenig gebräuchlich.

Zum Beispiel schreibt der Patriarch Duwayhī (1630–1704) ein sehr mittelmäßiges Arabisch, obwohl er ein bedeutender Historiker (wie sein *Tārīkh al-Azminah* zeigt) und ein herausragender Theologe ist (wie seine *Manārat al-Aqdās* und sein *Radd al-Tuham* zeigen). Im übrigen sind seine Handschriften auf *garshūnī* und nicht auf arabisch gehalten.

Dann tritt eine prominente Gestalt von Aleppo auf, die des maronitischen Bischofs Germānos Farḥāt (1670–1732). Er ist der wirkliche Meister der ganzheitlichen, sowohl kulturellen als auch spirituellen und pastoralen Erneuerung der Christen zu Beginn des 18. Jahrhunderts. Eine seiner wesentlichen Aufgaben besteht darin, die Christen zu re-arabisieren. Zu diesem Zweck nimmt er zuerst Unterricht bei einem berühmten muslimischen Scheich, Sulaymān al-Nahwī, um die im Niedergang begriffene arabische Sprache und Literatur vollkommen zu beherrschen.

Um die literarische Reform unter den Christen zu verwirklichen, nimmt er die Abfassung einer arabischen Grammatik (der *Bahth al-Matālib)* in Angriff, die ganz und gar auf den Evangelien basiert, so wie die Muslime ihre arabischen Grammatiken auf der Grundlage des Koran verfassten. Das war von außerordentlicher pädagogischer Wirkung, denn die Christen hatten der arabischen Sprache gegenüber Vorbehalte, weil sie ihnen fremd schien. Er schrieb gleichfalls ein Handbuch der arabischen Stylistik mit ausschließlich aus den Evangelien herangezogenen Beispielen.

Er verfasst Gedichte religiöser Art in klassischer Sprache, die unendlich oft abgeschrieben und im nachfolgenden Jahrhundert von Sa'īd al-Shartūnī in einem *dīwān* publiziert werden. Doch nie verfällt Germanos dem linguistischen Manierismus, der jeden gebildeten Araber belauert. Er interessiert sich nicht für die arabische Sprache um ihrer selbst willen, sondern als ein Instrument, um seine Gedanken und seinen Glauben zu vermitteln. Sein *Dīwān* ist zugleich ein literarisches und katechetisches Werk.

Germānos Farhāt wirkt im Sinne einer Symbiose von christlichem Glauben und arabischer Kultur. Er verfasst übrigens noch eine sehr schöne, leider noch unveröffentlichte Apologie des Christentums, in der er den Muslimen den christlichen Glauben darstellt. Er ist nach vier Jahrhunderten Unterbrechung der erste moderne Autor, der dieses Genre der Auseinandersetzung wieder aufnimmt. Darüber hinaus verfasst er, im Gegensatz zu vielen Zeitgenossen oder Vorgängern, keinerlei polemisches oder auch nur apologetisches Werk an die Adresse anderer Christen – ein literarisches Genre, das sich seit der Ankunft der Missionare leider sehr verbreitet hatte.

Er bildet um sich herum ein Team von gebildeten Christen aus, die allen christlichen Gemeinschaften angehören und zu Pionieren dieser intellektuellen und kulturellen Erneuerung wurden. Unter ihnen ragen hervor der Armenier Mekerdig (= Johann Baptist) al-

Kasīh Ibn 'Abdallāh al-Mukhalla', der sehr schöne arabische Werke in gereimter Prosa *(saj')* geschrieben hat, der Orthodoxe Sulaymān al-Aswad, der im Okzident Salomon Niger heißt, und andere Maroniten wie 'Abdallāh Qarā'alī.

Germanos Farhāt ist meines Erachtens der wirkliche Vater der zweiten arabischen Renaissance, der des 18. Jahrhundert, der christlichen arabischen Renaissance, die der großen *Nahdah* des 19. Jahrhundert den Weg bereitet hat.

Die Reaktionen inmitten der orientalischen Gemeinschaften

Nicht lange darauf haben die meisten orientalischen Gemeinschaften Äste, die katholisch werden: die Syrer mit dem Patriarchen Andras Akhijān († 1677) und dem Bischof Rizqallāh Amīr-Khān († 1701), die Armenier in der zweiten Hälfte des 17. Jahrhunderts, die Chaldäer im Irak seit der Mitte des 16.

Auf griechisch-orthodoxer Seite ist die Lage recht kompliziert. Am 12. März 1583 machte sich Leonardo Abela, lateinischer Bischof von Sidon maltesischer Herkunft, im Auftrag Papst Gregors XIII. auf, um die Vereinigung der orientalischen Gemeinschaften mit Rom zu vollziehen. Bei seiner Begegnung mit dem Patriarchen Michael Sabbāgh in Aleppo, unterbreitete er diesem ein Glaubensbekenntnis, das dieser unterzeichnete. Derselbe Patriarch schrieb dem Papst einen Unterwerfungsbrief, ebenso Kardinal Santoro im Mai 1586.

Euthymios Karmah (1572–1635), griechisch-orthodoxer Patriarch und gebürtiger Aleppiner, hatte sich ebenfalls Rom unterworfen, was (so meint jedenfalls P. Jean Amieu sj) seine Ermordung durch Vergiftung am 10. Januar 1635 in Damaskus nach sich zog.

Sein Schüler, der Aleppiner Makārios Ibn al-Za'īm, Patriarch von 1647 bis 1672 und einer der berühmtesten Christen seiner Zeit, begab sich nach Istanbul, nach Georgien und bis nach Russland, um seine Kirche zu retten; er führte mit Rom eine recht intensive Korrespondenz, wegen der sich viele Historiker fragten, ob er nicht selber katholisch war. Dieser Patriarche war gewiss philo-katholisch, aber er wollte nicht den Schritt zugunsten des Katholizismus machen – eine Vorgehensweise, welche die katholische Kirche begrüßte, denn sie wünschte eher eine Vereinigung von Kirchen denn die von Personen als individuelle Konversion.

Als am 24. Juli/4. August 1724 der Patriarch Athanasius Dabbās stirbt, der in Aleppo die erste arabische Druckerei Syriens eingeführt hatte, versammelten sich die Damaszenen, denen dieses Mal das Recht zur Patriarchenwahl zukam, im September und wählten Seraphim Tānās, der den Namen Kyrill VI. annahm und sich offiziell als katholisch erklärte. Konstantinopel beeilte sich, einen Gegenpatriarchen zu ernennen, doch weil sich kein einziger arabischer Bischof fand, der hundertprozentig orthodox gewesen wäre, wurde Sylvester der Zypriot ernannt, der Athanasius' Sekretär gewesen war.

Seitdem und bis zum Ende des 19. Jahrhunderts (1898) waren alle orthodoxen Patriarchen Griechen. Diese Situation besteht bis heute sowohl in Alexandrien als auch in Jerusalem fort, trotz der Tatsache, dass die Gläubigen in der großen Mehrheit Araber sind.

Dieser Übertrittsdrang zum Katholizismus steht in Zusammenhang mit der katholischen Durchschlagskraft in Syrien, die wesentlich dem Eifer der Missionare und der Maroniten geschuldet ist sowie ihrem positiven Glaubenszeugnis, dazu noch das vielfach empfundene Prestige, von den christlichen Nationen beschützt zu werden, die von der Hohen Pforte anerkannt werden, vor allem von Frankreich. Die Erfolge der katholischen Missionare und ihrer maronitischen Mitarbeiter, ihre hochgezüchtete intellektuelle Ausbildung und ihre Ausstrahlung ziehen viele orthodoxe Schöngeister unausweichlich nach Rom.

Das lässt sich auch durch die intellektuelle Verwahrlosung erklären, in der sich die Orthodoxen dieser Epoche und dieser Region befanden. Denn das dem osmanischen Joch unterworfene Griechenland konnte bei der Ausbildung des Klerus nicht die Rolle Roms einnehmen. Von den damaligen Großmächten war nur Russland orthodox und konnte einen natürlichen Einfluss auf die arabischen Gemeinschaften ausüben.

Die *Nahdah* (19. Jahrhundert)

Im 19. Jahrhundert verlagert sich die *Nahdah* vom Klerus auf die Gläubigen, die eine gewisse Distanz in bezug auf die Kirche einzunehmen beginnen, bis hin zum Konflikt zwischen einigen Intellektuellen und ihrem Patriarchen. Ein bekanntes Beispiel dafür ist Fāris al-Shidyāq (1804–1888), der, nachdem er im Auftrag der Britischen Bibelkommission die Bibel übersetzt hatte und sein Bruder mit dem maronitischen Patriarchen in Streit geraten war, zum Islam übertrat (in Wirklichkeit nur dem Namen nach) und sich Ahmad nannte.

Unter den arabischen Christen entsteht also Mitte des 19. Jahrhunderts eine Haltung der Ablehnung, die P. Jean Fontaine, Tunis, in seiner Dissertation untersucht hat. Sie reagieren gegen ihre Kirche, die sie als allzu starr empfinden, und arbeiten mit all ihrer Kraft für die Renaissance der arabischen Welt – das ist die *Nahdah*.

Der Feldzug Bonapartes (1798–1801)

Der Feldzug Bonapartes in Ägypten, der zwischen 1798 und 1801 stattfand, also kurz vor der Thronbesteigung Muhammad 'Alīs, hinterließ in Ägypten und darüber hinaus im gesamten Mittleren Osten tiefe Spuren, allerdings eher auf zivilisatorischer als auf militärischer Ebene, da er von der englischen Flotte besiegt wurde. Während dieser drei Jahre hat Bonaparte ein fulminantes Werk geschaffen.

Er hatte eine Mannschaft von 165 jungen, kaum 20jährigen Gelehrten mit sich gebracht, Mitgliedern der Kommission der Künste und der Wissenschaften, Bauingenieuren und Militärpionieren aus den Eliteschulen (Polytechnikum, École des Ponts et Chaussées), Architekten, Zeichnern, Ethnologen, Botanikern, Historikern, Linguisten, Mathematikern etc. Sie studierten die vielen Aspekte des alten und modernen Ägyptens.

Sie durchzogen Ägypten in Rekordzeit, untersuchten das Land unter allen Gesichtspunkten und brachten die wissenschaftliche Ausbeute von drei Jahren mit nach. 28 Jahre lang arbeiteten sie unter der Leitung von Nicolas-Jacques Conté (1755–1805), dann unter der des Straßenbauingenieurs Michel-Ange Lancret, der im Juli 1799 den dreisprachigen Stein von Rosette entdeckte, und schließlich unter der Leitung von Edme-François Jomard (1777–1862) an dem einzigartigen Dokument *Description de l'Égypte (Beschreibung Ägyptens),* mit 900 Tafeln und 3000 Zeichnungen. Zwei Jahrhunderte später, 1999, beschloß die ägyptische Regierung, das Werk ins Arabische zu übersetzen, was seine Einzigartigkeit unter Beweis stellt.

Muhammad 'Alī (1801–1851)

Auch Muhammad 'Alī ist von diesen Gelehrten (genauso wie von der militärischen Überlegenheit der Franzosen) beeindruckt. Ihm wird bewusst, dass sich die Wissenschaft künftig im Abendland befindet, und nicht in der muslimischen Welt.

Er beschließt, Ägypten in ein europäisches Land zu verwandeln. Er schickt Untertanen zur Ausbildung in allen Bereichen nach Frankreich: Medizin, Militärwesen, Mathematik und Wissenschaften usw. Bei Ihrer Rückkehr lässt er sie in die von ihm geschaffene Zitadelle (der *Qal'ah*) von Kairo sperren, aus der sie erst dann wieder herausgelassen werden, wenn sie das im Okzident Gelernte auf arabisch schriftlich hinterlegt haben. Sobald diese Aufzeichnungen beendet sind, steckt man sie in Privatquartiere, wo sie sich einzig ihren Arbeiten widmen sollen, was aus diesen Personen die muslimischen Mönche der Wissenschaft macht.

Die libanesischen Christen emigrieren immer mehr nach Ägypten, das allen ein liberales Regime anbietet. Dort, in Kairo und Alexandrien, gründen sie die arabische Presse, bevor sie sich wieder im Libanon niederlassen. So wurde die Zeitung *Al-Ahrām* (die es immer noch gibt und die zu den berühmtesten arabischen Tageszeitungen zählt) 1875 von Salīm und Bishārah Taqlā in Alexandrien gegründet und 1895 nach Kairo verlegt. Sie begründen auch das Theater, den historischen Roman, die freie Lyrik, das Kino, kurz: alles, was es in der Welt der Kultur an Neuem gibt. Sie bringen ebenfalls die Industrie und die Banken in Schwung und spielen eine führende Rolle in der ägytischen Wirtschaft.

Reflexion über die moderne arabische Renaissance

Die moderne Renaissance war die Frucht der Begegnung mit der okzidentalen Kultur. Bei den Maroniten setzte dieser Kontakt nach einigen wichtigen einzelnen Annäherungen massiv zu Beginn des 17. Jahrhunderts ein, intensivierte sich während des ganzen 17. Jahrhunderts und mündete in ein harmonisches Gleichgewicht von Orient und Okzident im 18. Jahrhundert in Aleppo und von dort aus in Syrien-Libanon. Diese Welt ist damals fundamental religiös und sogar christlich, denn die Araber hatten noch keine Gelegenheit gehabt, ihre Erneuerung durchzuführen.

Im 19. Jahrhundert erhält die Renaissance bei den Christen eine ganz andere Färbung, denn sie ist nicht mehr das Werk von Bischöfen oder Priestern, sondern von Laien. Sie ist weitaus mehr vom okzidentalen Liberalismus des vorangegangenen Jahrhunderts und sogar vom laizistischen Antiklerikalismus geprägt, und ihr profaner und literarischer Charakter ist deutlich. Die Autoren suchen, eine Harmonie zwischen der traditionellen arabischen Literatur und den modernen Geistesströmungen des Okzidents herzustellen.

In der zweiten Hälfte des 19. und zu Beginn des 20. Jahrhunderts ist eine doppelte Bewegung bei den syro-libanesischen Christen auszumachen: zum einen das Bestreben, sich die neuen literarischen und künstlerischen Genres anzueignen, die im Okzident blühen – das ist die Geburtsstunde und der Aufschwung des Journalismus, des Theaters, des Romans, der wissenschaftlichen Zeitschriften, der freien Lyrik, der Malerei und Bildhauerei, später des Films. Und zum anderen eine Ablehnungsgeste der Tradition gegenüber, die als Halseisen empfunden wird, ob diese Tradition nun religiös (mit Shiblī Shumayyil, Farah Antūn, Salāmah Mūsā, Jibrān Khalīl Jibrān oder Mikhā'īl Nu'aymah; aber schon mit dem Mitte des 19. Jahrhunderts zum Islam konvertierten Fāris al-Shidyāq) oder literarisch ist (Bruch mit den klassischen Genres, insbesondere in der Dichtkunst, und Schaffung neuer Genres wie oben aufgezählt).

Auf muslimischer Seite beginnt die von der liberalen Ära Muhammad 'Alīs in Ägypten vorbereitete Renaissance erst Mitte des letzten Jahrhunderts und hat einen anderen Verlauf als auf seiten der Christen: einerseits tiefreligiös wie bei den Christen, andererseits deutlich nationalistisch. Auf der religiösen Ebene geht es darum, den Islam zu „reformieren", und zwar durch eine Rückkehr zu den „Quellen" (daher der Name *Salafiyya),* aber ohne eine Öffnung nach dem Okzident zu suchen, der als antiislamisch erlebt wird. Auf der politischen Ebene wird in Abgrenzung zum kolonialistischen und beherrschenden Okzident „nationalistisch" im Sinne von „muslimisch" verstanden. Auf diesem politischen Niveau wird die Zergliederung des Osmanischen Reiches 1923 das Zerbröckeln der arabischen Welt selbst beschleunigen und die (im westlichen Sinne verstandenen) nationalen Ansprüche begünstigen.

Die zwei Strömungen, die christliche und die muslimische, treffen in zwei Punkten zusammen: politisch mit dem nationalen Anspruch gegen den Okzident und die Osmanen, kulturell mit der Anerkennung der Arabität als bestimmendem Faktor, gepaart mit dem Wunsch, sich der so anziehenden okzidentalen Kultur zu öffnen.

Doch gleichzeitig trennen sich die beiden Strömungen dort, wo sie sich treffen. Auf der politischen Ebene betonen die Christen mehr die Befreiung von den Osmanen und befürchten stets die Geburt eines neuen muslimischen Reiches, wohingegen die Muslime den Akzent mehr auf die Befreiung dem Okzident gegenüber legen und stets die Aneignung durch den Okzident befürchten, der immer als christlich betrachtet wird. Auf der kulturellen Ebene setzen die Christen mehr auf den Faktor der *Öffnung* (praktisch dem Okzident gegenüber), während die Muslime auf dem Faktor der *Authentizität* und der Treue zur arabischen, das heißt für sie islamischen Tradition bestehen.

Schlussfolgerung

Während dieser langen Periode von 13 Jahrhunderten kristallisiert sich Gleichbleibendes heraus.

Verwurzelung und Offenheit

Was mich beim Gang durch die Geschichte immer überrascht und was die Kraft der Christen in der arabischen Welt ausgemacht hat, ist die Tatsache, dass sie im allgemeinen anderen Kulturen gegenüber offen waren und gleichzeitig gut in der eigenen verwurzelt blieben. Verwurzelung und Offenheit sind die beiden Merkmale, auf denen ihre Geschichte beruht. Wenn eines dieser beiden Elemente fehlt, gibt es keine Wechselwirkung mehr mit der Umwelt, und deswegen dann auch keine Erneuerung, weder für sie noch für ihre Umwelt.

Wenn ich nur eines dieser Elemente annehme, nämlich die Offenheit anderen Kulturen gegenüber, in diesem Fall die Offenheit allem gegenüber, was okzidental ist, ohne tief verwurzelt *(muta'assil)* in meiner eigenen Tradition zu sein, ohne *asl*, Wurzeln zu haben,[12] dann bin ich bloß ein zusätzlicher Okzidentale. Es gibt schon ein paar Millionen, wozu braucht es mehr? Was ist mein spezifischer Beitrag?

Wenn ich umgekehrt gut in meiner eigenen Kultur verwurzelt bin, ohne aber anderen Traditionen gegenüber offen zu sein, dann bin ich bloß ein zusätzlicher Araber. Es gibt schon ein paar Millionen, wozu braucht es mehr? Was ist mein spezifischer Beitrag?

Brücke zwischen zwei Welten

Was mich weiter bei diesem Gang durch die Geschichte überrascht, ist, dass die Christen das Brückenamt zwischen den beiden Religionen, den beiden Mentalitäten, den beiden Kulturen ausgeübt haben. Sie sind Christen, gewiss, aber sie sind kulturell gesehen auch Muslime.

Ich für meinen Teil schäme mich nicht zu sagen und zu verkünden, dass ich auf der kulturellen Ebene viel vom Islam empfangen habe, durch die Sprache, durch die Sitten, durch eine bestimmte Art zu handeln usw. Was die Christen charakterisieren – und auf eine gewisse Weise von den Muslimen unterscheiden – sollte, ist nicht, dass sie weniger als sie in dieser arabischen Kultur verwurzelt seien, sondern dass sie es bei gleichzeitiger Offenheit anderen Kulturen gegenüber seien.

Im 9.–10. Jahrhundert, zur Zeit von Hunayn Ibn Isḥāq, von Qustā Ibn Lūqā und von Yaḥyā Ibn ʿAdī, ist die griechische Kultur diejenige, die sich als überlegen erweist, wie es später im Okzident der Fall ist. Im 16.–17. Jahrhundert nimmt die europäische (und vor allem italienische) Kultur den ersten Rang ein. Derzeit ist dieser erste Rang von der europäisch-amerikanischen Kultur besetzt. In allen diesen Etappen empfinden die Christen sehr stark, wie wichtig es ist, sich diesen Kulturen zu öffnen, und trachten danach, sie ihrer arabischen Welt zu vermitteln.

Sie sind es aber umgekehrt auch, die dem Okzident in verschiedenen Etappen die Kulturen und Traditionen des Orients vermitteln, wie das vom 16.–18. Jahrhundert bei den orientalischen Maroniten deutlich der Fall war und noch heute mit den christlichen Emigranten in den westlichen Universitäten der Fall ist.

Stets eine Unterscheidung durchführen

Die wesentliche Funktion der christlichen Intelligenzija in den großen Perioden ihrer Geschichte war die der kulturellen Unterscheidung. Es ging ihnen darum, zu unterscheiden, was in den umgebenden Kulturen positiv und bereichernd war, um es sich anzueignen und weiterzuleiten. Für uns heute geht es darum, alles zu prüfen und das Gute zu behalten, wie es der heilige Paulus ausdrückt (1 Thess 5,21). Weder soll eine Sache behalten werden, weil sie von außen kommt, noch soll sie aus demselben Grund verworfen werden.

Angesichts der politischen, wirtschaftlichen, kulturellen und religiösen Konflikte zwischen der muslimischen Welt und dem Okzident tendieren derzeit viele Muslime (und besonders die Islamisten) dazu, alles zu verwerfen, was von außerhalb kommt, vor allem vom Okzident *(al-Gharb),* ihn in Bausch und Bogen zu verwerfen; das ist die Tendenz der fanatisierten Muslime. Aus vergleichbaren, wenngleich vollkommen entgegengesetzten Motiven ist die Tendenz des fanatisierten Christen die, alles in Bausch und Bogen zu verwerfen, was von der arabischen oder von der muslimischen Welt kommt. Hier handelt es sich um zwei Fanatismen, um Haltungen, die es sich allzu bequem machen und oftmals von Angst bestimmt sind. Sie offenbaren ein großes Problem unserer arabischen Gesellschaften.

Es geht vielmehr darum, alle Elemente durch eine Unterscheidung zu sortieren. Es geht darum, allogene (fremde) Elemente in meine eigene Kultur zu integrieren, um eine neue Kultur zu schaffen, die meine Kultur fortführt und bereichert. Und umgekehrt: Wenn ich anderen das Beste meiner Tradition vermittle, bereichere ich die der anderen und ermögliche ihnen, sich eine neue Kultur zu erschaffen.

Die Kultur ist eine lebendige Realität

Die Kultur ist kein Block wie ein Stück Stein. Sie ist lebendig, sie befindet sich in ständiger Entwicklung. Unsere Kultur arabischer Christen besteht aus dem griechischen, syrischen, arabischen, muslimischen und abendländischen Erbe und noch so vielen anderen Elementen. Was wird morgen sein? Nur Gott weiß es *(Allāhu a'lam!).* Alle diese Schichten haben sich in meinem kulturellen genetischen Erbe abgelagert, und wir sind es, die sie vereinen und zu einer Synthese bringen, um daraus ein kohärentes Ganzes zu machen, ein Ganzes in ständiger Entwicklung. Es ist unmöglich, die kulturelle Entwicklung einer Gruppe in irgendeinem Stadium unserer Geschichte zu arretieren, um ihn zum Goldenen Zeitalter oder zum Ewigen Vorbild zu erklären; das hieße das Leben töten.

Vergleich der beiden arabischen Renaissancen

Wie in der Epoche der abbasidischen Renaissance ist die moderne Renaissance (die *Nahḍa*) die Frucht des Zusammenpralls zweier Kulturen, der arabischen und der okzidentalen. Wie damals waren es die Christen, die das Werkzeug dieser Akkulturation und Assimilierung gewesen sind. Wie damals hat das nur dank der geistigen Offenheit der herrschenden muslimischen Dynastie geschehen können: der abbasidischen in Baġdād im 9. Jahrhundert und der albanischen in Ägypten im 19. Jahrhundert, wobei natürlich die kulturelle Offenheit Muhammad ʿAlīs zum großen Teil dem Einfluss einiger Teilnehmer des Feldzugs Bonapartes in Ägypten von 1798–1801 geschuldet war.

Es existieren jedoch Unterschiede zwischen den beiden Renaissancen, und ihre Konsequenzen sind im Resultat spürbar. Der wesentliche ist, dass in der abbasidischen Epoche die Bewegung von Anbeginn von den muslimischen Regierenden protegiert wurde, wohingegen in der modernen Epoche die Bewegung von außen durch die römische Kirche und die Missionare protegiert wurde und die muslimischen Regierenden sie erst nach zweieinhalb Jahrhunderten übernommen haben.

So hatten die Christen mehrere Jahrhunderte Zeit (seit der Gründung des Maronitischen Kollegs in Rom 1584), sich diese okzidentale Kultur anzueignen, die ihnen überdies nicht völlig fremd war, da ihre Quellen letztlich christlich sind. Die Muslime hingegen hatten sehr wenig Zeit, um diese Assimilierung durchzuführen, die überdies von einer ganz anderen Welt als der ihren kam. Meiner

Auffassung nach erklärt das viele Phänomene der zeitgenössischen islamischen Welt, die meistens „Abstoßungserscheinungen schlecht durchgeführter Verpflanzungen" sind, wie auch viele der islamisch-christlichen Spannungen der heutigen arabischen Welt.

Allgemeine Schlussfolgerung

Die Christen waren in der Geschichte oft der Motor der zahlreichen kulturellen Renaissancen, und das ist ihr größter Adelstitel. Doch dieser Prozess war nur möglich dank jener muslimischen Regime, welche dieser Dimension des Neuen, anderen gegenüber offen waren. Mehr noch waren sie es, die den Hellenismus beispielsweise so gut assimiliert haben, dass sie ihn dem Abendland weitervermittelt haben (man denke nur an alle ins Lateinische übersetzten muslimischen Ärzte, Gelehrten und Philosophen), das ihn seinerseits der Welt vermittelt hat.

Faktisch fand in der Zeit des zehnten abbasidischen Kalifen al-Mutawakkil (847–861), der eine fanatischen politischen Kurs gegen alle Nicht-Sunniten führte, ob nun gegen Schiiten oder vor allem gegen Christen, ein deutlicher Schnitt der christlichen arabischen Produktion statt.

Im Gegensatz dazu hinterließen die Christen einige Jahrzehnte vorher Dutzende arabischer Traktate und glänzten durch ihre Beiträge zur damaligen Zivilisation, dank der Offenheit der Führer, nämlich zur Zeit des siebten abbasidischen Kalifen Al-Ma'mūn (813–833), der eine liberale Vision hatte und die Mu'taziliten förderte, diese „Rationalisten des Islam", wie man sie manchmal genannt hat.

Auf der anderen Seite hätten dieselben Könige oder Kalifen ihre kulturellen Absichten oder zivilisatorischen Projekte nicht ohne die Hilfe dieser mehrsprachigen Christen vollbringen können, die mehreren kulturellen Welten angehörten.

Das scheint mir, historisch gesprochen, auf der soziopolitischen Ebene die spezifische Berufung der Christen im Orient zu sein.

Meistens war ihnen die politische Funktion unzugänglich. Vielleicht sollte man sagen, dass sie das Glück hatten, keine politische Macht zu haben.

Es gibt einen Bereich, in dem sie ihre, nämlich die muslimische Gesellschaft zutiefst prägen können: den der Kultur und der Spiritualität. Natürlich können sie sich auf einige zaghafte oder grandiose Realisierungen im Lauf der Geschichte berufen, aber es bleibt noch wahnsinnig viel zu tun. Das ist ihre wunderbare und edle Aufgabe, die ihnen anvertraut ist, in Zusammenarbeit mit allen, ob Muslimen, Christen oder anderen, die eine Gesellschaft erschaffen wollen, die stets dem Besten gegenüber offen ist, und zwar in voller Solidarität mit der Vergangenheit und in ständiger Entwicklung auf die zu errichtende Zukunft hin.

Anmerkungen

1 Zu diesem Abschnitt siehe vor allem Max MEYERHOF, Von Alexandrien nach Baghdād. Ein Beitrag zur Geschichte des philosophischen und medizinischen Unterrichts bei den Arabern, in: *Sitzungsberichte der preussischen Akademie der Wissenschaften* (Berlin 1930) 389–429. Siehe auch Jaroslaus TKATSCH, Die arabische Uebersetzung des Poetik des Aristoteles, in: *Akademie der Wissenschaften in Wien,* philologisch-historische Klasse, Kommission für die Herausgabe der arabischen Aristoteles-Uebersetzungen, Band I (Wien 1928), die Seiten 53-118 der Einleitung. Diese sehr materialreiche Arbeit dokumentiert jedoch nicht den Übergang der hellenistischen Tradition von Alexandrien auf Baghdād. Siehe schließlich Lacy O'LEARY, *How Greek Science Passed to the Arabs* (London: Routledge and Kegan, 1948/9), VI + 196 Seiten. Leider ignoriert O'Leary die Arbeit seiner Vorgänger, die ihm bezüglich des 6. und 7. Jahrhunderts weit überlegen sind. Wir folgen hier Meyerhof mit einigen leichten Verbesserungen oder Präzisierungen.

2 Siehe z.B. Manfred ULLMANN, *Die Medizin im Islam,* in: Handbuch der Orientalistik, 1. Abteilung, Ergänzungsband VI, 1. Abschnitt (Leiden/Köln: Brill, 1970), S. 108–111.

3 Vgl. Fuat SEZGIN, *Geschichte des arabischen Schrifttums* III. Medizin-Pharmazie, Zoologie-Tierheilkunde. Bis ca. 430 H (Leiden: Brill, 1970) XXII + 515 Seiten. Siehe Khalil SAMIR, La "Geschichte des arabischen Schrifttums" et la littérature arabe chrétienne, in: *Orientalia Christiana Periodica* 44 (1978) 463–472, besonders 465–467.

4 Heute Mary, eine turkmenische Stadt mit 54.000 Einwohnern, etwa 200 km östlich von Meshhed im Iran.

5 Abū 'l-Faraj 'Abd Allāh ibn al-Tayyib, einer der berühmtesten christlichen Ärzte Bagdads, praktizierte 406 H. im Bīmaristān al-'Adudi. Ibn Abi Usaybi'a erzählt (*'Uyūn*, I, 240) eine merkwürdige Anekdote: Zwei seiner Schüler, junge orientalische Muslime, waren erstaunt, ihn barhäuptig und mit einem Weihrauchfass in der Hand seine Andachtsübungen in einer Kirche verrichten zu sehen. Als sie ihrerseits in einem bedauernswerten Zustand von ihrer Pilgerfahrt zurückkehren, gibt er vor, sich über das von ihnen berichtete Steinigungsritual zu wundern, und sagt ihnen schließlich als Schlussfolgerung: Man muss die religiösen Riten buchstabengetreu befolgen, ohne zu verstehen zu versuchen.

6 Siehe besonders ULLMANN, *Die Medizin im Islam*, S. 156–157 u.ö.

7 Shahrastānī, *Kitāb al-Milal wa-l-Niḥal*, Bd. II (Kairo : Būlāq, 1263 H), S. 49 unten. In der deutschen Übersetzung von HAARBRUEK-KER, Bd. II (Halle 1851), S. 213 oben.

8 Angesichts der Vorbehalte des Papstes, sein Projekt zu billigen, malt Eliano die Situation der Maroniten in etwas dunkleren Farben und forciert ihre intellektuelle und theologische Not, als liefen sie Gefahr, ihren katholischen Glauben zu verlieren. Ich glaube, dass dieses „taktische" Element nicht vergessen werden darf, wenn man seine Briefe nach Rom zum Thema Maroniten liest. In den folgenden Jahrhunderten benutzen die Missionare und sogar die Orientalen dieselbe „Taktik", wenn sie das Abendland um Hilfe angehen, wobei sie die materielle und politische Not der Christen des Orients noch dazunehmen.

9 Zu diesem Patriarchen und seinen Verdrießlichkeiten siehe Georg GRAF, *Geschichte der christlichen arabischen Literatur,* Bd. 4 (Studi e Testi 147, Vatikanstadt 1951), S. 12–13, mit ausführlicher Bibliographie.

10 Eine gute Zusammenfassung von Elianos Leben und Werk (mit vollständiger Bibliographie) bei Georg GRAF, *ibidem*, S. 210–217.

11 Da die arabische Schrift den syrischen Laut *gue* nicht kennt, wurde dieser Laut auf die türkische oder persische Art als *kâf* mit einem zweiten Balken darüber transkribiert. Weil sich aber dieser zweite Balken auf arabisch nicht schreibt, gewöhnten sich die Menschen aus Syrien (und natürlich die Maroniten) an die Aussprache *karchouni*. Es lässt sich aber beweisen, dass die korrekte Aussprache *garchouni* lautete.

12 Die Araber sagen abwertend von jemandem, der nicht „wohlgeboren" ist: *La asla la-hu,* „das ist jemand ohne Wurzeln".

Das Gespräch mit den Muslimen
Samir Khalil Samir im Interview mit Michaela Koller

Dialog – Möglichkeiten und Grenzen

Eine Definition vorab

Bevor wir auf das Verhältnis von Christen und Muslimen zu sprechen kommen, erlauben Sie mir eine Frage vorab: Wie definieren Sie überhaupt Dialog?

Dialog bedeutet etymologisch eine Rede zwischen mehreren, nicht zwangsläufig zwischen nur zwei Partnern. Das heißt, dass erst Einer spricht und der Andere zuhört und dann umgekehrt. Daher gibt es am Ende mehrere *Logoi* [Plural von *logos* Anm. M. K.]. Es bedeutet eben nicht, dass wir am Ende einen Logos erreichen müssen. Im Koran gibt es zu diesem Kontext auch ein passendes Zitat, in dem Mohammeds Worte gegenüber den Christen zitiert werden. „Kommen wir alle zu dem gemeinsamen Wort, dass wir nur Gott anbeten, und keine anderen Götter neben ihn stellen." Wenn aber jemand sagt, dass er das nicht tun kann, dann ist das auch ein Dialog. Derselbe bedeutet nicht, dass wir unbedingt miteinander einverstanden sind, sondern dass wir uns verstehen, etwa im Sinne der Feststellung „Jetzt weiß ich, was Sie mit Trinität meinen", anstatt weiter zu sagen, die Christen glaubten an drei Götter.

Es gibt zahlreiche Menschen im Westen, darunter auch überzeugte Christen, die resigniert jeglichen Dialog mit dem Islam inzwischen ablehnen. Die öffentlichen Stellungnahmen bei interreligiösen Begegnungen halten sie für Lippenbekenntnisse. Was ist Ihre Botschaft an sie?

Zunächst muss man verstehen, woher diese Reaktion herrührt. Sie sind enttäuscht. Sie erleben, wie Muslime sagen: „Wir sind alle Brüder, lieben einander und wir sind gegen Gewalt." Trotzdem geht die Gewalt weiter und die Missverständnisse setzen sich fort. Es kommt tatsächlich vor, dass Menschen im Dialog nur förmlich höflich sind, während das Herz nicht bei der Sache ist, das heißt, sie sagen nur, was die andere Seite von ihnen erwartet. Das ist in der Tat kein Dialog, sondern Falschheit. Dabei ist es die Hauptsache, dass man im Dialog die Wahrheit klar und unzweideutig ausspricht, wie wir das auch Papst Benedikt XVI. sehen.

Ich finde es viel besser, wenn mir mein Gegenüber klar sagt: „Nein, ich bin nicht einverstanden mit dir. Für mich gilt genau das Gegenteil." Ich kann ihn dann nach der Begründung fragen und er richtet auch diese Frage an mich, um mehr über meine Haltung zu erfragen. Und genau das ist doch Dialog. Möglicherweise kommen wir nicht zu einem gemeinsamen Schlusswort, trotzdem sind wir in der Verschiedenheit einander näher gekommen. Das unterscheidet sich natürlich vom diplomatischen Dialog, bei dem jeder sagt, was er meint, sagen zu müssen.

Zugleich ist es wichtig, sich darum zu bemühen, die tiefere Bedeutung der Worte meines Gegenübers zu erfassen. Daher kann der Dialog schon viel Zeit erfordern, bis wir erst einmal beginnen, uns zu verstehen. Dabei hilft auch, etwas zusammen zu unternehmen, um die Persönlichkeit des Gesprächspartners besser kennen zu lernen und ihn mit dem Herzen zu verstehen. Das bringt schon ein gewisses Maß an Freundschaft mit sich. Und wir sollten nicht nur auf das, was uns trennt, sondern auf all das, was uns verbindet, schauen, wenn man auch das Trennende deutlich benennen muss. Das Verbindende sollten wir vertiefen.

Ich traf vor einiger Zeit den Imam von Rom in der Nähe von Neapel, wo wir etwa eineinhalb Stunden einen Vortrag halten sollten. Wir hatten ein langes Gespräch miteinander. Er kam mit seiner Frau, einer Deutschen. Er kam auf die Kreuzzüge zu sprechen, um damit zu zeigen, dass es auch Gewalt im Christentum gebe. Und sie betonte, wie tolerant al-Andalus war. Ich widersprach und verwies auf den Philosophen Maimonides, der Jude war und von dort fliehen musste, weil er sonst gezwungen worden wäre, zum Islam überzutreten. Und auch Averroes selbst wurde verbannt und all seine Schriften verboten, weil seine Philosophie nicht toleriert wurde. Die Diskussion war hart, aber während der Vorträge war es ganz anders, denn da zeigte sich der jordanische Islamgelehrte nicht nur vernünftig, sondern gar selbstkritisch. Am Ende hatte ich große Sympathie für ihn. Durch dieses Gespräch haben wir uns langsam angenähert.

Seine Frau lud mich schließlich zu einem Kirchenkonzert in der evangelischen Gemeinde in Rom ein, wo sie im Chor sang. Ich fragte erstaunt: „Sind Sie nicht Muslima geworden?" Sie sagte: „Nein, mein Mann hat gesagt, ich darf Christin bleiben." Tatsächlich ist es so und war immer so in der Geschichte. Nur in den vergangenen 30 Jahren hat sich eine andere Praxis durchgesetzt und viele christliche Ehefrauen von Muslimen konvertierten zum Islam. Mein Gesprächspartner hatte das aber nicht gefordert.

Am Anfang, als er gleich auf die Kreuzzüge zu sprechen kam, dachte ich zunächst, er sei aggressiv. Und als ich sehr deutlich antwortete, wird er dasselbe von mir gedacht haben. Erst später hat sich das Bild gewandelt. Wenn man sich anfangs nicht kennt, kann man sein Gegenüber falsch einschätzen, aber das gehört auch zum Dialog.

Was verbindet

Sie pendeln zwischen der christlichen und der muslimischen Welt hin und her. Wie sehen denn Ihre konkreten Erfahrungen mit dem Gespräch zwischen den beiden Religionsgemeinschaften aus?

Ich habe die Erfahrung gemacht, dass ich mich mit Muslimen gut über spirituelle Themen austauschen konnte – fast besser als mit westlichen, europäischen Christen. Unter orientalischen Christen fallen diese Gespräche auch leicht und sind willkommen. Was die

Muslime betrifft, so liegt es daran, dass sie normalerweise religiöse Menschen sind. Alles, was mit der Frage nach Gott zusammenhängt, ist ihnen wichtig. Das gilt genauso für die Christen im Orient. Wir können unsere Erfahrungen, wie etwa mit dem Gebet oder dem Fasten austauschen. Das Gespräch darüber geht tief und meine muslimischen Gesprächspartner zeigen sich im allgemeinen offen und interessiert.

Ich versuche dabei, so weit wie möglich zu gehen. Ich erkläre etwa, dass unser klassisches Gebet das Vaterunser ist, das uns Christus selbst gelehrt hat. Darin sind einige Punkte enthalten, die für mich wesentlich sind. Zunächst der Aspekt, dass Gott Vater ist. Er ist nicht nur der Allmächtige. Das ist er auch. Er ist nicht allein der Richter, auch das ist er. Wenn ich aber nur einen Namen geben kann, dann ist dies „Vater", wie Jesus es gesagt hat. Und wenn wir „Vater unser" sagen, heißt dies nicht nur Vater der Christen, sondern Vater aller Menschen. Ich fühle totales Vertrauen in Gott und Geborgenheit in Gottes Händen, als eines von Milliarden Kindern Gottes.

Ich fahre aber nicht fort, meinen muslimischen Gesprächspartnern zu sagen: „Aber bei euch ..." Zuweilen antwortet mein muslimisches Gegenüber: „Aber man kann doch Gott nicht Vater nennen, weil der Koran in Sure 112 sagt, Er zeuge nicht und sei nicht gezeugt." Daraufhin erklärt er sein Gottesbild. Zuweilen frage ich auch: „Wie ist es bei euch?"

Nun gibt es im Islam zwischen der sunnitischen und schiitischen Tradition zahlreiche Unterschiede, bedingt durch die historische Trennung. Wie macht sich dies denn im Dialog bemerkbar? Gestaltet sich die Verständigung mit einer Richtung leichter?

Nach meiner Erfahrung bei der Begegnung mit schiitischen Imamen kann man mit Schiiten ein tiefgründigeres Gespräch führen und schneller zu gemeinsamen Punkten kommen. Die Schiiten haben eine größere philosophische Tradition als die Sunniten. Viele Bereiche des Glaubens sind philosophisch. Die Schiiten sind sehr viel offener gegenüber Mystik, die meisten Sufis in der islamischen Geschichte kamen aus dem Iran oder waren Schiiten. Sie interpretieren meistens nicht wörtlich. So kann man zu anderen Bedeutungen kommen.

Ich erinnere mich an eine Zeit in Beirut, als jeden Samstagmorgen von zehn bis zwölf einige Imame mit ihren Schülern zu mir kamen. Sie kamen einfach, um zu sprechen. Sie kamen auf Themen wie Trinitätslehre, Inkarnation und ähnliche. Als ich dann etwa die Inkarnation erklärte, sagten sie, das sei für sie kein Problem. Sie glauben an die Inhabitation von Menschen durch Gott, dass Gott eben bestimmten Personen innewohnt. Natürlich ist das, was wir mit Inkarnation meinen, nicht das, was sie mit *hulul,* mit Inhabitation meinen. Es ist aber mehr. Trotzdem gibt es einen Weg der Verständigung zueinander. Sunniten interpretieren den Koran hingegen sehr wörtlich und mit ihnen ist es schwieriger. Wir finden keinen Zugang zueinander.

Abgesehen vom Theologischen gibt es auch einen soziologischen Aspekt. Sie sagen, sie waren immer von den Sunniten unterdrückt und wir Christen auch. Deshalb sind sie überzeugt, dass wir einander unterstützen sollten. Und im Libanon etwa übersteigt die Zahl der Schiiten inzwischen die der Sunniten. Letztere haben mehr Macht, worin das größte Problem heute liegt. Die Sunniten sind traditionell wohlhabender dort und leben in den Städten, während die anderen in der Landwirtschaft arbeiteten. Die Schiiten fühlen sich auch in dieser Situation wieder unterdrückt.

Was trennt

Ein echter Dialog, ein Gespräch über zentrale Glaubensfragen ist also grundsätzlich doch möglich, wie Ihre Erfahrungen zeigen. Wo sind denn die Grenzen des Dialogs?

Bleiben wir bei dem Begriff der Kinder Gottes und das totale Vertrauen auf Gott. Man könnte meinen, dass die Bedeutung des Wortes Islam, völlige Hingabe an Gott, dasselbe meint. Das denken die Muslime aber eigentlich nicht. Die Wörter können hier auch ein

Hindernis sein, weil sie eben keine identische Bedeutung haben. Ein anderes Beispiel ist das Gebet der Muslime, die *Fatiha,* die ich ja wunderschön finde. Aber ich habe mit der Schlusspassage Probleme, wo es heißt: „Führe uns den geraden Weg, den Weg derer, denen Du Gnade erwiesen hast, nicht (den Weg) derer, die d(ein)em Zorn verfallen sind und irre gehen."

Ich spreche aus Erfahrung, da ich das mit einem schiitischen Imam und einer Gruppe um ihn besprochen habe. Dabei habe ich nachgefragt, was sie mit denen, die Gottes Zorn verfallen und irre gehen, meinen. Er räumte ein, dass die meisten damit Christen und Juden meinen. Ich argumentierte, dass dies historisch unmöglich sein kann, da es noch in mekkanischer Zeit entstanden ist, in der Mohammed Christen und Juden noch wohlwollend gegenüber stand.

Letzteres Beispiel verweist deutlich auf Auslegungsdifferenzen innerhalb des Islam. Nun haben wir ja über die Auslegung von Gebeten gesprochen. Wie verlaufen denn Gespräche in Fragen der Dogmatik?

In Fragen der Dogmatik ist es eigentlich noch schwieriger. Ich kann etwa mein christliches Dogma vernünftig erklären. Er wird sagen, dass Mohammed Gottes Prophet, von Gott gesandt und letzter Prophet ist. Das sind zwei Glaubenssätze, mit denen ich nicht einverstanden bin. Mein muslimisches Gegenüber kann es nicht beweisen, er glaubt aber daran, so wie ich glaube, dass Gott Vater, Sohn und Heiliger Geist ist. Das ist auch ein Dogma. Ich kann es nicht beweisen, aber ich glaube es.

Muslime fragen zuweilen: „Wir erkennen Jesus als Gottes Prophet an. Warum erkennst du nicht, dass Mohammed auch Gottes Prophet ist?" Es ist da wichtig zu verstehen, dass in dogmatischen Fragen kein Kompromiss möglich ist. Aber wenn ich den Glauben an das Dogma des Anderen nicht teile, bedeutet dies nicht, dass wir Feinde sind. Das ist doch der echte Dialog, wenn ich anerkenne, dass er das Recht hat, anders zu sein als ich.

Unterschiede anerkennen

Und mit dieser klaren Haltung haben Sie positive Erfahrungen gemacht?

Ja, grundsätzlich. Es gibt natürlich auch andere Haltungen. Ich bin einmal einem Forum beigetreten, das sich „Koran und Bibel – ein Dialog" nannte. Als ich mir dann durchlas, was dort geschrieben wurde, stellte ich fest, dass es nur ein polemischer Angriff von muslimischer Seite war und habe das Forum dann wieder verlassen. Es gibt nämlich Prinzipien im Dialog, etwa dem Anderen zuzuhören. Es geht auch nicht darum zu antworten, sondern darum zu verstehen. Das ist ein sehr wichtiger Punkt. Sehr viele Menschen bei uns im Orient, aber auch in Europa, denken, entweder muss der Andere die Meinung annehmen oder er ist der Feind.

Ich habe zum Beispiel in Beirut einen Vortrag über die Regensburger Rede gehalten und betont, dass sein Ansatz sehr schön geeignet ist, einen universalen Dialog zwischen allen Religionen und Weltanschauungen zu führen. Ein Zuhörer, ein Algerier, protestierte heftig: „Das stimmt nicht. Der Papst ist ein Fanatiker und behauptet, der Katholizismus sei die einzig wahre Religion, sogar gegenüber den Orthodoxen vertritt er dies." Ich sagte: „Ja, und? Wo ist das Fanatismus?" Und ich fragte: „Sind Sie nicht überzeugt, dass der Islam das Beste ist?" Darauf antwortete er: „Natürlich." Ich entgegnete: „Und – sind Sie ein Fanatiker? Ich glaube, Sie sind einfach überzeugt. Von meinem Standpunkt aus irren Sie, aber Sie sind kein Fanatiker." Das ist ein großer Unterschied.

Überzeugung ist nicht Fanatismus. Und heute wird beides überall verwechselt. Indifferentismus [Gleichgültigkeit gegenüber den verschiedenen Religionen und Weltanschauungen, Anm. M. K.] ist ein Fehler. Man muss seine Überzeugung bekennen. Nur so können wir diskutieren. Wenn wir nicht Position beziehen, kommen wir nicht weiter.

Gott und Allah – Theologie im Vergleich

Gott und Allah – derselbe Ewige?

Damit kommen wir auf die zentralen theologischen Unterschiede zu sprechen. Bei Veranstaltungen im Westen über den Islam wird oft aus der Zuhörerschaft heraus die Frage gestellt, ob wir, die Christen, und die Muslime an denselben Gott glauben.

Das ist die Frage, die alle stellen. Wahrscheinlich habe ich sie 100 Mal gehört. Die Muslime jedoch fragen dies nicht. Vielleicht deswegen, weil sie meinen, dass es nicht derselbe Gott ist. Seit etwa vierzig Jahren wollen sie dies nicht mehr sagen. In den Übersetzungen des Koran in allen Sprachen heißt es seit dieser Zeit Allah und nicht mehr Gott. Was heißt das? Das bedeutet, Gott ist nicht Allah. Ihr Gott sei nicht unser.

In Malaysia ist es heute Christen verboten, das Wort Allah zu gebrauchen. Die Begründung lautet: „Wenn sie das Wort Allah aussprechen, könnten Muslime sie für Glaubensbrüder halten." Es kommt in mehreren Völkern vor, dass eine Gruppe ein Wort für sich beansprucht. So etwa auch in den Niederlanden, wo Katholiken und Calvinisten das Wort für Christ unterschiedlich aussprechen und sich so voneinander abgrenzen, eine jeweils eigene Identität suchen.

Kommen wir zurück zum Gottesbegriff. Es gibt einen Autoren aus dem Jahr 815, ein christlicher Theologe aus Bagdad, Abu Ra'itah al-Takriti. Er sagt zu dieser Frage, es gebe natürlich nur einen Gott. Im Kern ginge es darum, wie weit sich das Gottesbild der Muslime vom christlichen Gottesbild unterscheidet. Die Christen können sagen, wir beten alle zu demselben Gott. Das Wort Gott beschreibt demnach nur eine Realität, die über allen Menschen steht. Für Christen, Juden und Muslime bedeutet Gott „Schöpfer". Darüber hinaus ist es wichtig zu fragen, was genau inhaltlich darunter verstanden wird. Und da sehen wir die Unterschiede.

Welche sind da am auffälligsten?

Wenn ich als Christ Gott mit nur einer Eigenschaft beschreiben dürfte, würde ich Vater sagen. Das bedeutet nicht, dass er nicht auch Richter, nicht der Allmächtige sei. Das ist das, was Jesus uns offenbart hat. Ein Muslim wird das nicht sagen. Wir lesen, dass Mohammed ihn *Rahman* genannt, als Barmherzigen bezeichnet hat. Ob die Muslime dies heute so sehen, darauf müssen sie selbst antworten.

Im Koran wird ein Streit zwischen Mohammed und Bewohnern von Mekka geschildert, die lieber Allah sagen wollten. Rahman nannten ihn die Araber im Süden. Am Ende sagte Mohammed, Allah enthalte die schönsten Namen Gottes, gleichgültig, wie sie ihn nennen. Ich denke, dass unsere Bücher alle Namen Gottes enthalten, nur jeder legt den Akzent anders. Ich sage also nicht, wir glauben nicht an denselben Gott, sondern ich sage, wir sehen ihn unterschiedlich.

Prophetenbegriff

Welche Punkte könnten denn aus Ihrer Sicht bei einem theologischen Dialog näher betrachtet werden? Können Sie abgesehen vom Glauben der Christen an die heilige Dreifaltigkeit noch weitere Beispiele nennen?

Die Muslime sagen zum Beispiel: „Mohammed ist der letzte Prophet." Ich frage, was das bedeutet. Ob es bedeutet, dass er etwas von dem, was etwa Moses oder Jesus gesagt haben, ändern kann. Sie bejahen das und ich kann dies nicht als meinen Glaubensinhalt annehmen. Was bedeutet überhaupt Prophet als Begriff? Und was bedeutet es, dass der Koran Gottes Wort ist? Was verstehen die Muslime unter Gottes Offenbarung? Unter dem Begriff „Heiliges Buch"? Auf der anderen Seite werde ich gefragt, was es bedeutet, wenn wir sagen: „Christus ist Gottes Wort." Ich erkläre daraufhin, dass wir auf Christus schauen und dadurch auf Gottes Botschaft für die Menschheit blicken. Das kann wiederum der Muslim nicht akzeptieren.

Um welche zentralen theologischen Unterschiede sollte man noch wissen?

Ich komme noch einmal auf den Prophetenbegriff zu sprechen. Ein Prophet stellt nach meinem christlichen Verständnis eine Verbindung zwischen Gott und den Menschen her, vermittelt den Menschen das Wort Gottes und wendet sich im Namen der Menschen an Gott, wie etwa Abraham Sodom und Gomorrha zunächst verteidigte. Im Alten Testament ist der Prophet auch ein Führer wie Moses. Und im Islam gilt dies noch viel stärker. Mohammed ist politischer und militärischer Führer, Gesetzgeber. Jesus hat das irdische Richteramt jedoch zurückgewiesen. Er wollte den Menschen das Prinzip, die Grundlagen hinterlassen. „Gebt dem Kaiser, was des Kaisers ist, und gebt Gott, was Gottes ist", sagte er. Damit trennte er Politik und Religion.

Der Muslim hingegen hat große Probleme, in einem Land zu leben, das nicht muslimisch ist. Deshalb werden sie immer versuchen, doch einen eigenen Staat zu gründen, mit einem eigenen System, wie etwa in Pakistan, das sich am 14. August 1947 von Indien trennte. Oder nehmen wir das aktuellere Beispiel Aceh, der indonesischen autonomen Provinz. Als weiteres Beispiel lassen sich Separationsbestrebungen auf der philippinischen Insel Mindanao anführen.

Der Schriftbegriff

Was trennt denn abgesehen vom Gottes- und vom Prophetenbegriff die Muslime sonst noch von den Christen?

Es ist der Schriftbegriff. Auf Arabisch heißt „offenbart" *munzal*. Die Vorstellung, die dahinter steckt, ist die, dass Gott die Schrift im Himmel auf Tafeln verfasst und von dort auf Mohammed habe herabfallen lassen, der sie in seiner Brust aufnahm. Wenn mein Begriff von Offenbarung so materiell ist, kann ich nicht interpretieren. Dann sage ich damit, dass ich eine perfekte Kopie vom Wort Gottes habe und jedes Wort so endgültig ist.

Wir Christen verstehen aber unsere Heilige Schrift als göttlich inspiriert – bis auf eine kleine Minderheit, die sie wörtlich auslegt. Die Verfasser waren Menschen mit konkreten Namen wir Markus oder Matthäus, die ihren eigenen Stil hatten, ihre eigenen Wahrnehmungen, ihre eigenen Ideen, ihre eigene Struktur mit einbrachten. Aber sie waren voll angefüllt vom Geist Gottes, so dass sie unter seiner Kontrolle schrieben, der Inhalt von ihm inspiriert war. So gibt es eine Distanz zwischen dem Text und Gott und daher darf ich auch interpretieren. Dazu kommt noch folgendes, sehr wichtiges Prinzip: *Quidquid recipitur ad modum recipientis recipitur* – mit anderen Worten: Gott spricht unsere Sprache. Gott spricht mit einfachen Leuten einfach, mit Philosophen philosophisch und mit Poeten poetisch. Warum verstehen wir nicht auch den Koran entsprechend?

Das Menschenbild des Islam und des Christentums

Aus dem jeweiligen Gottesbild ergeben sich auch konkrete Konsequenzen für das Glaubensleben und das Menschenbild ...

Ja, vom Evangelium her ist es undenkbar, dass der Sünder getötet, also gesteinigt werden soll. In der Bibel steht, dass Gott den Menschen nach seinem Bild geschaffen hat. „Und Gott schuf den Menschen zu seinem Bilde, zum Bilde Gottes schuf er ihn." (1. Mose 1,27) Einen vergleichbaren Satz findet man auch in einem Hadith von Mohammed. Die jeweilige Bedeutung aber ist sehr verschieden. Die Muslime sagen, nach „Seinem Bild" bedeute eben nach „Menschenbild". In der Bibel ist es ganz deutlich, dass sein Bild „Gottes Bild" bedeutet. Daher kommt eben die christliche Interpretation, nach der dies auf jeden Menschen zutrifft, auch wenn er nicht perfekt ist. In der islamischen Tradition ist so ein Begriff nicht bekannt. Die theologische Beschreibung der Muslime lässt aber den Schluss zu, dass sie sich Gott eben nicht barmherzig gegenüber dem Sünder vorstellen.

In der Bibel heißt es zudem weiter: „und schuf sie als Mann und Weib". Daraus kann man ableiten, dass Mann und Frau nicht gleichartig, sondern gleichwertig sind. Im Koran aber steht, dass nach Gottes Willen der Mann eine Stufe über der Frau steht. „Zwischen beiden ist eine Stufe", heißt es da wörtlich. Deshalb ist aus islamischer Sicht die Frau immer ein wenig niedriger gestellt.

Dieses Beispiel und weitere zeigen, dass das Menschenbild in den beiden Religionen nicht gleich ist. Deshalb ist es auch im allgemeinen schwierig für einen Muslim, von Menschenrechten und Naturrecht zu sprechen. Es gibt bislang drei Auslegungen, die sich „Menschenrechte im Islam" nennen.

Sie haben im Zusammenhang mit dem Brief der 138 Islamgelehrten aus dem Jahr 2007 über eine Tradition von Nächstenliebe im Islam geschrieben. Wie ist diese verankert?

Ja, den Brief habe ich gründlich analysiert. Insgesamt finde ich ihn positiv, habe aber auch manche Kritik. Die Autoren erwähnen darin zwei Punkte: Liebe gegenüber Gott und Liebe gegenüber dem Nächsten. Sie stellen fest, dass diese Begriffe alle Religionen kennen. Das ist aber falsch, absolut falsch. Im Koran kommt die Liebe gegenüber Gott nur zweimal vor, einmal davon nicht einmal deutlich. Es ist überhaupt nicht der Schwerpunkt im heiligen Buch der Muslime. Im Evangelium hingegen ist es sehr klar: Gott ist die Liebe. Die Menschen sollen einander lieben.

Nächstenliebe auf Arabisch ist nicht Liebe gegenüber dem Nächsten, sondern man verwendet das Wort *Jar,* was wörtlich Nachbar heißt. Aus der Bibel geht aber hervor, dass jeder mein Nächster sein könnte. Im Islam gibt es kein Gebot, alle Menschen zu lieben. Es ist jedoch für uns Christen wesentlich, dass die Nächstenliebe alle Menschen mit einschließt, und nicht nur die Nachbarn oder Freunde.

Der Dialog im politischen Kontext

Die Religion als sozio-politische Realität

Es zeichnet sich bereits vom Ursprung, vom Religionsstifter her, ein Unterschied in der konkreten politisch-sozialen Ausgestaltung ab ...

Im Christentum gibt es etwa überhaupt keine Unterscheidung zwischen Christen und Nichtchristen in politischer oder sozialer Hinsicht. Das ist bei Muslimen anders, aber auch bei Griechen und Römern war dies anders. Die Griechen kannten zum Beispiel den Begriff *bárbaros* [Fremdsprachiger, Anm. M. K.] und die Bezeichnung *metoikos* [in der Stadt lebender fremder Grieche, Anm. M. K.] Bei den Muslimen ist dieses Kriterium eben nicht ethnisch, sondern religiös. Aus diesem Grund sind viele Christen und eine Reihe von Juden Muslime geworden, um dieselben Rechte zu bekommen. Mohammed lebte das Prinzip vor und im Koran steht, dass er das Vorbild ist. Er ist nach islamischem Verständnis das Siegel der Propheten. Daraus erschließt sich, dass doch die gesamte Vision der Religion sich ziemlich von der des Christentums unterscheidet.

Nun müssten sich sehr strenggläubige Muslime froh schätzen, dass die Christen in ihrer Heimat wenigstens noch Profil zeigen und aufgrund ihrer Glaubenstreue tugendhaft leben. Warum werden die Christen in den arabischen Ländern denn vielfach diskriminiert?

Der Islam ist eben eine politische Religion. Wer das nicht versteht, wird nie die politische, religiöse und soziale Situation des Islam in unserer Welt begreifen. Mohammed wollte eigentlich durch den Glauben an den einen Gott das arabische Reich schaffen, das sein Stamm seit langer Zeit zu errichten suchte. Für die Araber damals war er der beste Leader. Und weil der Islam eine politische Religion ist, gibt es wie in jeder politischen Situation verschiedene Stufen,

Menschen, die ganz unten stehen, welche, die in der Mitte oder oben stehen.

Und so ist es auch in der islamischen Gesellschaft. Oben stehen die Muslime, weil sie dem Koran zufolge die echten Gläubigen sind. Auf der zweiten Stufe stehen Juden und Christen, die aber – und das steht auch im Koran – unterdrückt sein müssen. Auf der dritten Stufe stehen die Anderen, die weder Muslime, noch Christen oder Juden sind, die noch unter diesen stehen. Das ist der Grund für so viel Diskriminierung. Auch für Christen und Juden gilt: Ich beschütze dich, aber du musst unter meiner Autorität bleiben. Und das ist diskriminierend.

Christen und Muslime im Orient

Ist denn in den orientalischen Ländern ein echter Dialog zwischen den Religionen möglich?

Es gibt einen Dialog, aber es ist sehr schwierig. Im Libanon kennt man eine gemeinsame Gesprächsbasis, da die Christen gemäß der Verfassung das gleiche Gewicht haben, etwa im Parlament über die Hälfte der Sitze verfügen, wo 24 Christen und 24 Muslime sitzen.

Auch in Syrien, wo vielleicht acht Prozent Christen leben, kann man miteinander diskutieren, weil es dort seit der Gründung der Baath-Partei eine säkularisierte, laizistische Sicht gibt. Die Partei ist von einem orthodoxen Christen gegründet worden, Michel Aflaq. Im Irak war dies ein wenig ähnlich. In Jordanien ist es möglich, weil der König sagt, dass alle gleichberechtigt sind.

In Nordafrika gibt es das nicht, nicht in Algerien und Libyen und nicht mehr in Marokko, wo man den Christen Proselytismus vorwirft. Wenn in Marokko 120 Christen wegen angeblicher Missionstätigkeit ausgewiesen werden, ist dies ein billiger Kompromiss, um die Islamisten zu besänftigen.

Damit werden diese Kräfte letztlich doch gestärkt, die dann den Marsch durch die Institutionen antreten können.

Ja, in Ägypten sitzen schon 20 Prozent Muslimbrüder im Parlament, obwohl sie offiziell verboten sind. Um noch einmal auf den Dialog zurückzukommen, so braucht man dafür eine Parität, eine Begegnung auf gleicher Augenhöhe. Wenn diese fehlt, dann sagt einer, was dem anderen gefällt. Das beobachte ich beim koptischen Papst Schenuda III., der das Eine denkt und das Andere sagt, was übrigens viele Christen in Ägypten tun. Sie wagen nicht, klar zu sprechen.

Das ist im Libanon anders. Die Christen prägen dort die Kultur stärker und stehen selbstbewusst auf und sagen: „Beweis mir, dass das, was ich sage, falsch ist." Zur arabischen Literatur der Renaissance im 19. und 20. Jahrhundert trugen viele Christen aus dem Libanon und aus Syrien bei, jedoch kaum Kopten, kaum christliche Ägypter. Das ist unsere Tradition: Wir bauen eine Mauer, um uns zu verteidigen und wir verteidigen uns gut.

Christen und Muslime im Westen

Lassen Sie uns noch einmal auf das interreligiöse Miteinander im Westen blicken ...

Im Westen ist die Situation ein wenig anders. Ein Teil der Muslime sind als Gastarbeiter hergekommen. Das Risiko besteht darin, dass sie ihre Kultur und Traditionen einerseits und ihre religiöse Vorstellung miteinander vermischen. Die aktuelle Situation unterscheidet sich völlig von der in den siebziger Jahren in Europa. Damals hatten die Muslime ein Ziel: Sie wollten sich integrieren, um eine gute Arbeit zu bekommen. Sie wollten keinen Lärm machen, sich in der Öffentlichkeit zurückhalten. Sie lebten ihren Glauben in ähnlicher Weise wie die Christen, im Stillen, individuell. So wie nicht alle Christen zur Kirche gingen, so besuchten nicht alle Muslime die

Moschee. Seit den neunziger Jahren hat sich dies geändert. Ein Teil der Muslime, die inzwischen in Europa leben, sind auch als Missionare gekommen.

Die nachfolgende Generation, die zwar in Europa geboren ist, lehnt diese Kultur teilweise ab, weil sie sie als areligiös betrachtet. Sie suchen im Grunde nach einer Harmonie zwischen ihrem Glauben und der Kultur des Zuwanderungslandes und haben mit dieser Suche keinen Erfolg. Da sie weder den Islam 100-prozentig kennen, noch die Kultur Europas so ganz genau kennen, fühlen sie sich nicht wohl in dieser Situation und lehnen daher alles ab. Dazu kommt, dass viele Imame, die hier ihren Dienst tun, überhaupt nicht integriert sind. Sie können den jungen Muslimen überhaupt nicht weiterhelfen.

Thema Menschenrechte, insbesondere Religionsfreiheit

In der öffentlichen Meinung in Europa wird unter christlich-islamischem Dialog doch noch etwas anderes verstanden als eine theologische Debatte unter Gelehrten, etwa als die gemeinsame Betrachtung der unterschiedlichen Gottesbilder oder des jeweiligen Prophetenbegriffs ...

Bei dem, was ich eingangs beschrieben habe, ging es um Dogmen. Wenn es aber um Menschenrechte geht, kann ich nicht sagen: „Du hast deine Meinung, ich aber habe meine." Menschenrechte können nur universal gültig sein. Wenn es heißt, dass alle Menschen gleich sind, muss dies heißen, dass sie dies vor dem Gesetz und in der Gesellschaft sind, also Männer und Frauen, Gläubige wie auch Ungläubige, also auch Atheisten. Das bedeutet nicht, dass wir dasselbe tun und denken müssen, sondern dass wir dieselbe Würde haben. Der Dialog ist für mich dazu da, gemeinsame Prinzipien zu finden, auf denen wir etwas aufbauen können. Solange nicht die Menschenrechte von allen anerkannt werden, kommen wir da nicht weiter.

Nun haben Sie ja mit Ihrer konsequenten Haltung in der theologischen Debatte gute Erfahrungen gemacht. Wie sieht es denn aber aus, wenn es um Gleichberechtigung und Religionsfreiheit geht?

Unter den 138 islamischen Gelehrten, die auf die Regensburger Rede des Papstes geantwortet hatten, war auch der libysche Philosoph Aref Ali Nayed, der auch schon am Päpstlichen Institut für Arabische und Islamische Studien gelehrt hat. Er wollte unbedingt, dass sich die Diskussion um theologische, nicht um ethische Fragen dreht. Er argumentierte, dass Letztere etwa schon vor der UNO behandelt würden. Es müsse über Theologie geredet werden. Das wollten wir eigentlich nicht, und noch weniger der Papst. Meine Erfahrung ist die, dass sie Angst haben, dass wir über die Religionsfreiheit sprechen. Dies liegt daran, dass sie denken, dass dies tabu ist. Im Koran ist der Übertritt verboten. Die Menschenrechte sind aber fundamentaler, der Mensch ist zunächst Mensch, dann Gläubiger.

In Papst Benedikts Denken ist die Religionsfreiheit fundamental, die Grundlage aller Freiheiten. Wenn man nicht frei ist, seinem Gewissen zu folgen und seine Religion zu wählen, ist man auch nicht frei, seine Meinung zu äußern. Dazu kommt, dass die Religion sozusagen das Herz vom Herzen ist, das, was den Menschen im Innersten berührt. Wie kann man so etwas durch Gesetze bestimmen und lenken? Deshalb kommt er immer wieder auf diesen Punkt zurück, bis dieses Anliegen verstanden wird. Für uns Christen in den islamischen Ländern ist dies das Wichtigste.

Bei islamischen Gelehrten habe ich den Eindruck, dass sie die Religion als Fundament sehen möchten, das heißt konkret den Koran. Das kann aber nicht für Nicht-Muslime gelten. Die Muslime zeigten sich bislang nicht bereit, den Koran zu entmythologisieren und die Aussagen müssen im zeitlichen Kontext gelesen werden. Die Gültigkeit von Aussagen etwa aus der islamischen Tradition wird aber nach der Kette der oralen Überlieferung bewertet *„an ... an ..."*, was übersetzt *„von ... von ..."* heißt.

Die Muslime betonen wiederholt, sie seien tolerant gegenüber Juden und Christen. Was sie damit meinen, ist die Kultusfreiheit, die

Juden in der Synagoge und die Christen in der Kirche beten zu lassen. Aber was wir mit Religionsfreiheit meinen, geht etwas tiefer. Es geht darum, überhaupt frei sein zu glauben oder nicht zu glauben.

Aber ein Begriff von Religionsfreiheit hat sich im Christentum auch erst nach und nach herauskristallisiert ...

Man könnte so argumentieren und dies den Christen vorhalten. Dabei gibt es aber einen wesentlichen Unterschied: Die Grundlage für die Religionsfreiheit findet sich schon im Neuen Testament. Wenn Jesus, nachdem er ein Wunder gewirkt hat, etwa sagt: „Dein Glaube hat dich geheilt." Das bedeutet doch, dass es der Mensch ist, der für seinen Glauben verantwortlich ist. Im Koran stehen einige Passagen, die für die Freiheit des Gewissens sprechen, aber auch andere, die dagegen sprechen. Die Linie ist da nicht klar, während dies im Neuen Testament schon so ist. Eindeutig geht daraus hervor: Man kann niemanden zum Glauben zwingen.

Das Phänomen des Islamismus

Die Stellung Andersgläubiger und Ungläubiger im Koran

In Sure 29,46 heißt es: „Und streitet nicht mit Angehörigen der Schrift; es sei denn am wohlgefälligsten, außer mit denjenigen, die ungerecht sind. Und sprecht: Wir sind überzeugt von dem, was zu uns herab gesandt wurde und was zu euch herab gesandt wurde; und unser Gott und euer Gott ist Einer; und Ihm sind wir ergeben." Wer sind diejenigen, die ungerecht sind?

Ab und zu werden Christen und Juden *kuffār* – Plural von *kāfir* – Frevler genannt. Die Christen zu Zeiten Mohammeds waren Gläubige. Das sind sie heute nicht mehr. Deshalb können wir nicht mehr das Positive, das der Koran über sie sagt, auf die Christen heute übertragen. So ist demnach muslimischen Männern etwa erlaubt, eine christliche Frau zu heiraten. Aber heute sagen sie: „Wer weiß, ob sie überhaupt eine richtige Christin ist". In Sure 5,5 steht: „Und die Speise derer, denen die Schrift gegeben wurde, ist Euch erlaubt, wie auch Eure Speise ihnen erlaubt ist." Das bedeutet, dass Muslime mit Juden und Christen zusammen essen und sich dazu gegenseitig einladen dürfen.

Heute aber sagen sie, was man im Westen angeboten bekommt, sei nicht *halal*, rein, weil man nicht wissen könne, ob die Europäer noch Christen sind oder nicht. Folglich dürfen sie in Krankenhäusern und Schulen nichts von dem Essen annehmen. Es ist wichtig, dass man immer auf den Koran zurückgeht und nicht zu den Hadithen, den Überlieferungen über Mohammed. Diese Speiseregeln sind doch im Grund kulturell bedingt.

Können Sie noch mehr über die Stellung derer berichten, die weder gläubige Juden noch Christen sind. Was sieht denn der Koran da eigentlich vor, jenseits der aktuellen politischen Praxis in vielen islamischen Staaten?

Das zentrale Dogma des Islam beinhaltet, dass Mohammed das Siegel der Propheten ist. Die Bahá'í betrachten jedoch ihren Religionsstifter Baha'ullah, der von 1817 bis 1892 lebte, auch als Propheten. Das ist für Muslime intolerabel, viel unerträglicher als der Glaube der Juden und Christen. Es liegt nicht daran, dass sie keine feste Riten praktizieren, die Drusen tun dies auch nicht. Bei letzteren drücken die Muslime ein paar Augen zu und sagen, es seien auch Muslime, was sie nicht sind. Die Bahá'í gelten als vom wahren Glauben abgefallen. In diesem Licht werden auch die Christen in Europa gesehen, weil sie ihren Glauben nicht praktizieren. Viele Muftis sind in Fatwas zu dem Schluss gekommen, dass sie deshalb nicht mehr als Christen gelten können.

Welche Konsequenzen hat das theoretisch für die säkularen Christen?

Der Koran untersagt die Heirat mit ihnen und erlaubt, sie zu töten. Über den Glauben von Muslimen, die als abtrünnig gebrandmarkt werden, wie etwa der 1992 ermordete ägyptische Publizist Farag Foda, entscheidet eine Kommission. Dabei wird davon ausgegangen, dass ein Muslim, der den Islam nicht praktiziert, zwar nicht getötet, aber bestraft werden muss. Aber wenn die Mitglieder der Kommission zu dem Schluss kommen, dass er sich grundsätzlich gegen die fünf Säulen des Islam, Glaubensbekenntnis, Gebet, Almosen, Wallfahrt, Fasten, richtet, dann muss er als Atheist und folglich als Apostat betrachtet werden. Somit ist er zum Tode zu verurteilen, eine der Strafen, die im Koran festgelegt sind. Dabei wird aber von Fall zu Fall entschieden und es gibt keine oberste religiöse Autorität, vergleichbar mit dem Papst, die eine klare Linie für vergleichbare Fälle aufzeigt.

Scharia und Naturrecht

Die Fatwas stellen demnach eine kasuistische Rechtsprechung dar. Sehen Sie, vor dem Hintergrund ihrer Erfahrungen an der Nahtstelle zwischen Christen und Muslimen, Möglichkeiten einer Versöhnung zwischen dem christlichen, naturrechtlich geprägten Grundrechtsverständnis und der Scharia? Es gibt Muslime, die beides für vereinbar halten.

Das entscheidet sich an der Frage, ob die Scharia über der Verfassung steht. Für einen glaubenstreuen Muslim, eine glaubenstreue Muslima, steht die Scharia über allem. Wenn es einen Konflikt zwischen einem weltlichen Gesetz gibt, dann folgt daraus, dass das Gesetz falsch ist. Das islamische Recht ist mehr als etwa das kanonische Recht der katholischen Kirche oder der orthodoxen Teilkirchen. Das Schariarecht wird als göttlich angesehen, obwohl eben nur wenige Bestimmungen im Koran zu finden sind. Aber auch den Koran kann ich unterschiedlich auslegen. Zu oft wird heutzutage die Scharia so angewendet, als ob sie heilig wäre. Das ist, islamisch gesehen, falsch.

Nun ein Beispiel: Wenn ein Staat sagt, es gäbe ein Recht auf Abtreibung, kann ich als Christ sagen, dass es aber ein Verbrechen ist. In der Konsequenz heißt dies, dass ich von dem Recht keinen Gebrauch mache, während Andere jedoch frei sind, sich darauf zu berufen. Nach meiner Auffassung haben sie dann eine Sünde begangen. Ich darf sie aber nicht bestrafen, jedoch ist es mir erlaubt, für eine Änderung der Gesetzeslage, Kultur und Mentalität zu kämpfen. Nach streng islamischer Tradition müsste aber das Recht auf Leben nicht nur durch Überzeugung, sondern notfalls gewaltsam durchgesetzt werden.

Theologisch hat sich im Islam zudem kein Begriff von Naturrecht entwickelt. Es gibt im Koran keinen Menschenrechtsbegriff. In der Bibel jedoch immerhin implizit. Im Koran ist alles geheiligt, die muslimischen Länder leben eine sakrale Vision, beherrscht von sakraler Politik. Man muss verstehen, dass hieraus viele Probleme resultieren. So ist etwa die Religionsfreiheit nach islamischen Verständnis falsch, weil sie sich gegen die Koran richtet. Der Vers, der besagt, dass es keinen Zwang in der Religion geben darf, wird in der gängigen Auslegung durch andere Koranstellen neutralisiert. Eigentlich ist jedoch dieser Koranvers als absolut zu sehen, während die Aussagen anderer Passagen von bestimmten Bedingungen abhängen.

Ursachen des Islamismus

Seit den zwanziger Jahren des vorigen Jahrhunderts entwickelt sich der Islamismus als ein breites gesellschaftliches Phänomen in mehrheitlich islamischen Ländern, dem einzelne kleine Gruppen durch inzwischen weltweite Gewaltakte zu größerer Geltung verhelfen wollen. Im Gegensatz dazu steht eine relative Offenheit des Islam im Austausch mit der christlichen Kultur im 19. Jahrhundert, aber auch schon im Mittelalter. Wie ist diese Renaissance zu erklären?

Das ist vielmehr eine Gegenrenaissance. Die Renaissance, wie wir es selbst nennen, begann etwa um 1850 und dauerte ungefähr bis 1930. Diese Bewegung brachte eine Erneuerung in den Gedanken, in der Kultur und in der Lebensweise. Was ist passiert? Ich glaube, dass alles mit der Abschaffung des Kalifats und der Auflösung des Osmanischen Reiches zusammenhing. Damit fiel eine vier Jahrhunderte während Realität in sich zusammen. Das heißt, dass die Muslime nun kein Reich mehr haben. Sie leben jetzt nicht mehr unter der Politik eines Kalifen.

Nach 13 Jahrhunderten totaler Einheit von Politik und Religion sind viele Muslime nicht mehr in der Lage, ihre Religion ohne entsprechende politische und gesetzliche Strukturen zu denken. Weil sie eben keine Strukturen hatten, die mit den kirchlichen der katholischen und orthodoxen Christen vergleichbar wären, wussten sie nicht, was nun zu tun ist. Sie haben versucht, einen neuen Kalifen zu finden, jedoch war dies politisch nicht möglich.

Dann überlegten sich einige Denker, wie Hassan al-Banna, die Muslime müssten die islamische Welt reislamisieren, ein Gedanke, der in dem Projekt der 1928 in Ägypten gegründeten Muslimbruderschaft seine Ausformung fand. Der ursprünglich aus dem Libanon stammende Scheich Mohammed Rashid Rida war Nachfolger und Schüler des großen Imams Mohammed Abduh, der 1905 starb und eine echte Erneuerung des Islam anstrebte. Abduhs Denken ist viel progressiver als alles gewesen, was wir heute nach mehr als 100 Jahren finden können. Er betrachtete den Islam als eine rationale Religion, die er nicht im Gegensatz zu den modernen Errungenschaften in Wissenschaft und Technik sah. Aber sein Nachfolger hat allmählich alles wieder umgekehrt.

Die Salafiten beobachteten, dass in vielen muslimischen Ländern die Gesetze mehr vom Westen inspiriert waren als vom Islam. Das wollten sie ändern und zur Scharia zurückkehren. Der Begriff Salafiten, wie sie sich nannten, kommt von *salaf,* die Vorfahren. Damit sind Mohammed und die erste Generation der Muslime in der Geschichte gemeint, bis zum Ende der Herrschaft des vierten Kalifen Ali Ibn Abi Talib im Jahr 661. Sie versuchten also, diese Zeit immer stärker zu imitieren, auch etwa in der Art und Weise, wie sie sich kleideten, in der Hygiene, bei den Tischsitten, im Umgang mit Frau und Familie und in der Politik. Das war für sie das Paradies, die Zeit der großen Eroberungen.

Es stimmt zwar historisch, dass die große Ausdehnung in diese frühe Zeit fiel, aber der kausale Zusammenhang zwischen Lebensweise und politischer Bedeutsamkeit lässt sich jedoch nicht belegen. So wollten sie die Scharia wieder einsetzen, eine Rechtspraxis, die für die damalige Kultur in der Wüste gedacht war. Sie haben die Kultur ihrer Zeit für westlich und damit fremdbestimmt gehalten und strebten deshalb eine Erneuerung dieser archaischen Rechtspraxis an.

Die Gründungsphase des Salafismus fiel auch mit einer Zeit zusammen, in der der Atheismus im Westen als Weltanschauung aufstieg und die Religion zunehmend aus dem öffentlichen Raum verdrängt wurde. Stachelte dieser Umstand weiter die Ablehnung des Westens unter den Salafiten an?

Das spielte zu einem späteren Zeitpunkt eine größere Rolle. Zunächst galt der Westen grundsätzlich als nicht religiös und war zugleich wirtschaftlich und politisch stärker. Der Konflikt bestand also zwischen dem Orient und der Kultur Europas in wirtschaftlicher, politischer und religiöser Hinsicht. Mit der Auflösung des Osmanischen Reiches waren zudem Jordanien, Irak, Palästina, Syrien und Libanon unter britischer oder französischer Kontrolle. Der Salafismus, der sich gegen diese Hegemonie wandte, galt daher als Erneuerung. Es war aber eine Erneuerung nach hinten und nicht nach vorn.

Der Kampf begann aber erst in den islamischen Ländern gegen die eigenen Eliten, die westlich geprägt waren. Mit den Revolutionen in den späten vierziger und in den fünfziger Jahren, 1948 in Palästina, jedoch mit neuen Problemen, 1950 die Befreiung von Syrien und Libanon, 1952 die ägyptische und 1954 die irakische Revolution und 1958 eine Wende in Syrien und der Unabhängigkeitskrieg in Algerien von 1954 bis 1962, wurden diese arabischen, islamischen Länder unabhängig. Die neuen Eliten waren aber meist sozialistisch orientiert. Und da kam eben eine zweite, eine islamische Welle, um dies zu ändern. Einer ihrer bedeutendsten Vordenker war Sayyid Qutb, Theoretiker der Muslimbruderschaft, der 1966 in der Zeit der Regierung Gamal Abdel Nassers in Ägypten hingerichtet wurde.

Aber der Islamismus lässt sich nicht allein als anti-koloniale Reaktion verstehen, ob gegen Briten, Franzosen oder gegen das Osmanische Reich. Die Ablehnung der Moderne zieht sich doch auch wie ein roter Faden durch die Schriften Sayyid Qutbs.

Die Moderne, auch wenn dadurch Nationen wie die Japans geprägt sind, wurzelt doch in der westlichen Kultur. Mit ihrem Aufstieg ging in Europa ein Glaubensverlust einher. So gilt die Moderne für uns im Orient, ob Christen oder Muslime, als gefährlich, als eine Kultur, die zum Atheismus verleitet. Die Menschen im Orient möchten diesen Samen nicht haben, wenn er solch schlimme Frucht hervorbringt. So erklärt sich die Ablehnung.

Die Alternative wäre, zu differenzieren, bei jedem Element zu unterscheiden, im Sinne von „das ist gut, aber das ist gefährlich". Das bedeutet aber auch, dass man tief in diese Kultur vordringt, um kritisieren zu können. Diesen Weg versuchen die Christen zu gehen, die nicht alle Elemente der Moderne annehmen. Bei uns im Orient hat man hingegen ganz einfach gesagt: Die Technologie nehmen wir an, weil sie keine Seele hat und rein materiell ist. Aber den Geist der Moderne weisen wir zurück, das ist uns zu primitiv.

Bei den Attentätern vom 11. September wird dies ganz deutlich: Sie sind technisch versiert und gebildet, teilten aber nicht die moderne Vision, weil sie ohne Gott gedacht ist. Hier ist das Problem. Wie kann man den Terrorismus bekämpfen? Nicht mit Krieg und nicht mit Technologie, weil beide Seiten da auf dem neuesten Stand sind. Es geht um etwas im Kopf, in der Mentalität und in der Kultur. Solange der Westen seine eigene Kulturkritik nicht leistet, und dies gründlich, wird er als Feind betrachtet. Warum reagieren sie mit Terror? Sie sagen, die europäischen Länder seien mit Waffen hochgerüstet, sie jedoch nicht. Es ist also ein technischer Weg. Jedoch können wir diesen Terror nicht dauerhaft wirksam mit Krieg bekämpfen, weil die Gruppen, die diesen verantworten, ideologisch ausgerichtet sind. Es handelt sich um einen geistig-kulturellen Kampf, eine Anfrage an die westliche Kultur, die ja durchaus auch hier kritisiert wird. Leider gibt es aber auf der anderen Seite, unter den Muslimen, wenige Denker, die wiederum ihre eigene Kultur kritisieren. Hier sehe ich einen Ansatz für die Zusammenarbeit von muslimischen und christlichen Theoretikern, um zu einer besseren Universalzivilisation gelangen zu können, in der jeder kulturellen Tradition genügend Raum bleibt.

Die Entwicklung des Islamismus

Wie breitete sich denn der Salafismus von Ägypten über die gesamte arabische Welt aus?

Präsident Nasser wollte zum einen alle diese Leute loswerden. Zum anderen förderte Algerien nach der Unabhängigkeit von Frankreich eine Rearabisierung. Wer konnte dies besser tun, als die Absolventen der altehrwürdigen Kairoer Universität Al Azhar. Tausende ägyptische Imame und Absolventen von dort sind nach Algerien gekommen, weil sie die arabische Sprache überdurchschnittlich gut beherrschten. Aber diese Leute waren größtenteils auch Salafiten.

Andere Absolventen gingen eine Zeit lang nach Saudi-Arabien und kamen dort mit dem Wahhabismus in Kontakt. Der Wahhabismus, die in Saudi-Arabien vorherrschende Form des Islam, geht noch über den Salafismus hinaus. Die wahhabitisch beeinflussten Ägypter kehrten später mit ihren neuen Vorstellungen wieder zurück nach Ägypten und auch die Salafiten kamen heim, als sie in Algerien nicht mehr benötigt wurden.

Eine dritte Richtung des Islamismus entstand in Pakistan mit der Bewegung *Jamaat al Tabligh* [sprich *Tablir* mit betontem „r", Anm. M. K.; prominentester Anhänger im deutschsprachigen Raum ist der ehemalige Guantánamo-Häftling Murat Kurnaz]. Sie sind mystisch ausgerichtet und missionarisch sehr aktiv in Europa.

Joseph Ratzinger – Papst Benedikt XVI. und der Dialog mit dem Islam

Papst Benedikt XVI. und die Muslime

Bei der Begegnung mit islamischen Vertretern am Rande seiner Reise nach Köln im August 2005 zum Weltjugendtag sagte Papst Benedikt XVI.: „Der interreligiöse und interkulturelle Dialog zwischen Christen und Muslimen darf nicht auf eine Saisonentscheidung reduziert werden. Tatsächlich ist er eine vitale Notwendigkeit, von der zum größten Teil unsere Zukunft abhängt." Welchen Stellenwert hat denn der Dialog mit den Muslimen bei Papst Benedikt XVI. überhaupt?

Ich glaube, dass für ihn der Dialog allgemein mit Juden und mit anderen christlichen Konfessionen ein sehr wichtiger Aspekt seiner Spiritualität und seiner Theologie ist. Gleichzeitig ist seine Linie durch maximale Offenheit für Dialog in strikter Wahrheit gekennzeichnet. Ich kann im Glauben keinen Kompromiss aushandeln. Ich finde so etwas Ähnliches auch in der koranischen Tradition, entsprechend der Sure 29,46: „Und streitet nicht mit Volk der Schrift; es sei denn in der besten Art; doch (streitet überhaupt nicht) mit denen von ihnen, die ungerecht sind. Und sprecht: Wir glauben an das, was zu uns herab gesandt ward und was zu euch herab gesandt ward; und unser Gott und euer Gott ist Einer; und ihm sind wir ergeben."

Es gibt auch noch ein anderen Vers, in dem Mohammed über die Christen sinngemäß sagt, sie hätten ihre Religion und er seine. Das Signal ist klar: Versuchen wir nicht, eine Religion aus zwei Bekenntnissen zu machen. Es bleiben zwei Religionen, die voneinander verschieden sind, aber nicht gegeneinander kämpfen.

Sie haben über die Kernaussagen der historischen Rede von Regensburg reichlich reflektiert. Welche Aspekte entnehmen Sie als Quintessenz?

Mit der Rede von Regensburg zielte der Papst meines Erachtens auf einen Dialog ab, der nichts von dem Positiven zurückweist, das es auch im Islam und in der Aufklärung gibt, jedoch das kritisiert, was extremistisch oder anti-religiös ist. Er sprach unangenehme Punkte an, die aber vernünftigerweise beim Namen genannt werden müssen, um zu einem wahrhaften Dialog zu kommen. Auf diese Weise schuf er die Grundlage für einen universalen Austausch, indem er auf die zwei gegensätzlichen Tendenzen unserer Zeit mit Vorschlägen entgegentritt: Einerseits dem islamischen Fideismus, der jegliche Vernunft ausklammert, wobei wichtig ist zu betonen, dass er nicht meinte, dass alle Strömungen im Islam diese immer zurückgewiesen hätten. Andererseits nimmt er zu einem laizistischen, rationalistischen Aufklärungsdenken Stellung, das die Religion als bedeutungslos betrachtet.

An die Muslime gerichtet, regte er an, den Koran in seinem weiteren Kontext zu lesen, was für den christlich-islamischen Dialog entscheidend ist. Wir müssen die geheiligten Texte mit anderen Augen sehen, um die Umstände der Offenbarung erkennen zu können. Damit greift er eine gesunde Tradition wieder auf, die im 9. Jahrhundert im Islam lebendig war. Ich bedaure, dass dies im zeitgenössischen Islam in Vergessenheit geraten ist.

Der Papst sprach seinen Vorschlag offen aus und gab dem Dialog damit einen entscheidenden Impuls. Das Problem mit dem heutigen Dialog besteht doch darin, das er nicht wahrhaftig genug geführt wird und ein Widerwille sich breit gemacht hat, über kritische Punkte zu diskutieren. Unter Christen, die sich im Dialog mit dem Islam engagieren, beobachte ich oftmals eine Neigung, damit hinterm Berg zu halten und bloß nicht über Schwierigkeiten zu reden. Das ist noch am Anfang einer Beziehung ratsam, die man nicht gleich mit der Feststellung eröffnen kann, was einem vom anderen trennt. Diese Beziehung müsste zunächst natürlich vertieft werden.

Noch heute schreiben mir Muslime, die dem Papst für diese Einladung zum Dialog und zugleich für die klaren Worte dankbar sind. Gleich nach der Rede dankte Abdelwahhab Meddeb, der französische Autor tunesischer Herkunft, Benedikt XVI. mit den Worten: „Endlich wagte jemand, etwas zu sagen und auf die Gewalt im Islam hinzuweisen." Dieser liberale Muslim sieht den Samen für die Gewalt im Koran.

Sie haben nicht nur bei der Sonderbischofssynode zu Nahost, die vom 10. bis 24. Oktober 2010 in Rom stattfand, mitgewirkt und haben federführend die „Lineamenta" und das „Instrumentum Laboris" dafür mitverfasst. Sie nehmen regelmäßig an hochkarätig besetzten Dialogforen teil und beraten den Heiligen Stuhl, den zuständigen Päpstlichen Rat für den Interreligiösen Dialog und erleben so aus nächster Nähe Papst Benedikt XVI. und sein Verhältnis zum Islam mit, jenseits aller Fehlinterpretationen seiner historischen Rede von Regensburg. So haben Sie sich intensiv mit seiner Position im Verhältnis zu den Muslimen auseinander gesetzt. Was können Sie darüber verraten?

Papst Benedikt XVI. ist wahrscheinlich einer der wenigen Akteure, die zutiefst die Zweideutigkeit verstanden haben, mit der der zeitgenössische Islam und sein Kampf um einen Platz in der modernen Gesellschaft diskutiert wird. Zugleich zeigt er einen Weg für den Islam auf in Richtung einer weltweiten, interreligiösen Koexistenz, die sich nicht auf einen religiösen Dialog stützt, sondern auf dem Dialog zwischen Kulturen und Zivilisationen basiert. Dieser fußt auf der Vernunft und einer Vorstellung vom Menschen und seiner Natur, die jeder Ideologie oder Religion übergeordnet ist.

Während der Papst die Muslime um einen Dialog bittet, der auf Kultur, Menschenrechte und die Ablehnung von Gewalt beruht, fragt er gleichzeitig den Westen, wieder zu einer Vision der menschlichen Natur und Vernunft zurückzukehren, die die religiöse Dimension miteinbezieht. Auf diese Weise – und vielleicht nur auf diese Weise – kann ein Kampf der Kulturen vermieden werden, indem die islamische Welt und der Westen zu einem Dialog der Zivilisationen gelangen.

Um das Denken Benedikts XVI. in Bezug auf die islamische Religion zu verstehen, müssen wir ein wenig auf frühere Aussagen von ihm zurückblicken. Ein wirklich wesentliches Dokument ist in seinem Buch mit dem Titel „Das Salz der Erde" enthalten, dem ersten Interviewbuch mit Peter Seewald. Darin stellt er einige Unterschiede zwischen Islam und Christentum heraus und stellt dazu bestimmte Überlegungen an. Zunächst zeigt er, dass es keine Orthodoxie im Islam gibt, weil keine Autorität da ist, kein gemeinsames Lehramt existiert. Das macht den Dialog schwierig: Wenn wir in einen Austausch eintreten, ist es nicht „mit dem Islam", sondern mit Gruppen.

Aber der entscheidende Punkt, den er anführt, ist die Scharia. Er verweist darauf, dass der Koran ein total religiöses Gesetz ist, das das gesamte politische und gesellschaftliche Leben regelt und darauf besteht, dass die ganze Ordnung des Lebens islamisch sein sollte. Die Scharia formt die Gesellschaft von Anfang bis Ende. In diesem Sinne kann die islamische Gemeinschaft die Freiheiten nutzen, die unsere Verfassungen gewähren, aber es kann nicht ihr letztes Ziel sein, zu sagen: Ja, jetzt sind auch wir eine Körperschaft mit Rechten, jetzt sind wir in der Gesellschaft gegenwärtig, ebenso wie die Katholiken und die Protestanten.

In einer solchen Situation, so legt der damalige Kardinal Ratzinger dar, hätte der Islam keinen Status erreicht, der im Einklang mit seiner inneren Natur ist; es wäre eine Entfremdung von sich selbst, die letztlich nur durch die totale Islamisierung der Gesellschaft gelöst werden kann. Wenn sich zum Beispiel ein Muslim in einer westlichen Gesellschaft wiederfindet, kann er von bestimmten Elementen profitieren oder diese nutzen, aber er kann sich nie mit den nicht-muslimischen Bürgern identifizieren, weil er sich nicht in einer muslimischen Gesellschaft wiederfindet.

Bereits als Kardinal Ratzinger sah er demnach eindeutig eine wesentliche Schwierigkeit der sozio-politischen Beziehungen mit der muslimischen Welt, die von dem totalisierenden Konzept der islamischen Religion herrührt, das sich zutiefst von dem des Christentums unterscheidet. Aus diesem Grund beharrt er darauf zu sagen, dass wir nicht versuchen können, die christliche Sicht von der Beziehung zwischen Politik und Religion auf den Islam zu projizieren. Dies wäre sehr schwierig: Der Islam ist eine Religion, die vom Christentum und der westlichen Gesellschaft gänzlich verschieden ist und das macht die Koexistenz nicht einfach.

Beim Treffen seines Schülerkreises Anfang September 2005 in Castel Gandolfo verwies er auf die islamische Auffassung von Offenbarung: Der Koran kam dieser zufolge auf Mohammed herab. Der Prophet war nicht dazu „inspiriert" worden. Aus diesem Grund hält sich ein Muslim nicht für berechtigt, den Koran zu interpretieren, sondern ist an diesen Text, der im Arabien des 7. Jahrhunderts entstand, gebunden. Das führt zu denselben Schlussfolgerungen wie zuvor: die absolute Natur des Koran macht Dialog umso schwieriger, da er nur sehr wenig bis gar keinen Spielraum für Interpretationen lässt. Sein Denken als Kardinal steht in Kontinuität zu seiner Sicht als Pontifex und stellt Unterschiede zwischen Islam und Christentum heraus.

Nicht nur in Regensburg: das Thema Gewalt im Islam

Papst Benedikt stellt dabei sehr grundsätzliche Unterschiede heraus, die seit Religionsstifter Mohammed ihre Gültigkeit haben. Seit den Anschlägen von 9/11 steht der Islam weltweit im Fokus und Heerscharen an Experten wollen uns glauben machen, jeweils die wahre Natur des Islam erkannt zu haben, gleichgültig wie weit all diese Interpretationen auseinandergehen. Was ist die Sicht des Papstes zum Thema „Islam und Gewalt" oder „Friedensreligion Islam"?

Am 24. Juli 2006, während seines Aufenthaltes in der italienischen Region Aostatal, wurde er gefragt, ob der Islam als eine Religion des Friedens betrachtet werden kann. Darauf antwortete er, der Islam enthalte Elemente, die den Frieden begünstigen, wie er auch andere Elemente enthalte. Auch wenn er dies nicht ausdrücklich tut, sagt Benedikt XVI. damit, dass der Islam gegenüber der Gewalt an Mehrdeutigkeit leidet und sie in verschiedenen Fällen rechtfertigt. Auch sagte er damals, wir müssten immer danach streben, die besseren Elemente zu finden. Eine andere Person fragte ihn dann, ob terroristische Anschläge als christenfeindlich anzusehen seien. Seine Antwort darauf war, dass die Absicht wohl weiter gefasst sei und nicht allein auf das Christentum ziele.

Am 20. August 2005 in Köln hatte er als Papst seine erste große Begegnung mit dem Islam, bei einem Gespräch mit Vertretern muslimischer Gemeinschaften. In einer relativ langen Rede sagte er sinngemäß: „Ich bin sicher, dass ich Ihre eigenen Gedanken aufgreife, wenn ich unsere Sorge über die Ausbreitung des Terrorismus vorbringe." Ich mag die Art, wie er da die Muslime miteinbezog, indem er ihnen sagte, dass wir die gleichen Anliegen haben. Er fährt dann fort zu sagen, dass er davon wisse, dass viele der muslimischen Vertreter, teilweise öffentlich, eine Verbindung zwischen ihrem Glauben und dem Terrorismus zurückgewiesen und die Gewalt verurteilt haben. Er bezeichnete den Terrorismus als eine perverse und grausame Wahl, die Verachtung für das heilige Recht auf Leben zeige und die Fundamente jedes geordneten Zusammenlebens untergrabe.

An der Ansprache gefiel mir besonders, wie er die Beseitigung jeder Spur von Groll aus den Herzen hervorhob, damit die Welle des grausamen Fanatismus umgekehrt werden könne. Die Aufgabe sei schwierig, aber nicht unmöglich und der Gläubige könne dies erreichen. Das zeigte, dass Benedikt XVI. eine der Ursachen des Terrorismus erkannt hat, eben dieses Gefühl von Groll. Er rief dann dazu auf, dem negativen Druck „aus unserer Mitte" nicht zu weichen und gemeinsam zu handeln, im Dienst an grundlegenden moralischen Werten. Die Würde der Person und die Verteidigung der Rechte, die diese Würde verleihe, müsse das Ziel jeder sozialen Bemühung sein. Dies sei eine Botschaft an uns Menschen, die die Stimme des Gewissens an uns herantrage. Er sagte: Nur durch die Anerkennung der Zentralität der Person kann eine gemeinsame Basis für das Verständnis gefunden werden, das uns über kulturelle Gegensätze hinweg hilft und die explosive Kraft der Ideologien neutralisiert. So kommt noch vor der Religion die Stimme des Gewissens und wir müssen alle für moralische Werte kämpfen, für die Würde der Person, die Verteidigung der Rechte.

Zunächst das Gewissen, danach die Religion

Welche praktischen Konsequenzen haben denn einerseits seine Erkenntnisse über den Islam und andererseits sein Verständnis von der Bedeutung des Gewissens für den konkreten Dialog in diesem Pontifikat?

Für Benedikt XVI. muss der Dialog auf der Zentralität der Person aufbauen, die sowohl kulturelle als auch ideologische Gegensätze überbrückt.

Die wesentliche Idee ist, dass der Dialog mit dem Islam und anderen Religionen dem Wesen nach kein theologischer oder religiöser Dialog sein kann, außer wenn es um moralische Werte geht. Es muss stattdessen ein Dialog der Kulturen und Zivilisationen sein. Es sei daran erinnert, dass er bereits 1999 als Kardinal an einer Begegnung mit Prinz Hassan von Jordanien teilgenommen hat, zusammen mit dem Metropoliten Damaskinos von Genf, Prinz Sadruddin Aga Khan, der 2003 verstarb, und dem Großrabbiner von Frankreich, René Samuel Sirat. Muslime, Juden und Christen waren von einer

Stiftung für interreligiösen und interkulturellen Dialog eingeladen, um unter ihnen einen Stab für den kulturellen Dialog zu bilden.

Dieser Schritt in Richtung eines kulturellen Dialogs ist extrem bedeutsam. In jeder Art von Dialog mit der muslimischen Welt dreht sich die Diskussion zunächst um religiöse Fragen und schwenkt dann um auf Themen wie den israelisch-palästinensischen Konflikt, Irak oder Afghanistan, also alles Fragen zu politischen und kulturellen Konflikten. Eine ausschließlich theologische Diskussion ist selten möglich mit dem Islam. Ausnahmen stellte ich schon zu Beginn des Gesprächs dar. Man kann in der Regel weder von der Dreieinigkeit sprechen noch von der Inkarnation.

In Cordoba gab es im Jahr 1977 einmal eine Konferenz über den Begriff der Prophetie. Nachdem die Tagung sich mit den prophetischen Charakter von Christus aus muslimischer Sicht beschäftigt hatte, hielt ein Christ einen Vortrag über die prophetischen Charakter von Mohammed aus christlicher Sicht und wagte zu sagen, dass die Kirche ihn nicht als Propheten anerkennen kann. Eher könnte man ihn als solchen in einem allgemeinen Sinn bezeichnen, wie man etwa sagt, dass Marx ein „Prophet" der Moderne war. Das Fazit? Diese Frage wurde zum Gesprächsthema für die nächsten drei Tage und nahm die ursprüngliche Konferenz in Beschlag.

Demnach rangiert die Glaubens- und Gewissensfreiheit ganz oben auf der Prioritätenliste dieses Papstes. Können Sie dafür ein Beispiel nennen?

Als Papst Benedikt zu Ostern 2008 Magdi Allam getauft hat, der vom Islam zum Christentum übergetreten ist, gingen die Fernsehbilder um die Welt. Daraufhin haben dies sehr viele Bischöfe im Westen kritisiert. Ich fand es aber gut, dass einer der Fünf, die getauft wurden, Muslim war, vor allem vor dem Hintergrund, dass so viele islamische Staaten das Recht auf freien Religionswechsel nicht anerkennen. Ich verstehe zwar, dass die Muslime darüber unglücklich sind, das ist ihr natürliches Recht, dies zu sein. Ich würde auch nicht verstehen, wenn jemand vom Christentum zum Islam konvertiert.

Aber ein Verbot darf nicht sein. Natürlich kann man darüber auch diskutieren, ob Magdi Allam der Täufling sein musste. Er gab sich eine Zeit lang sehr anti-islamisch, während er gleichzeitig mit dem Buch „Viva Israele" hervortrat. So wurde in seinem Fall Politik mit Religion vermischt. Möglicherweise kannte der Papst nicht genau dessen gesamten Hintergrund.

Erst interkultureller, dann theologischer Dialog

Inwiefern können Sie denn die Haltung Papst Benedikts XVI. vor Ihrem eigenen Erfahrungshintergrund nachvollziehen?

Die Gespräche mit der muslimischen Welt, die ich am fruchtbarsten gefunden habe, waren diejenigen, in denen interdisziplinäre und interkulturelle Fragen diskutiert wurden. Ich habe zu verschiedenen Zeiten auf Einladung von Muslimen an interreligiösen Treffen in verschiedenen Teilen der muslimischen Welt teilgenommen: Die Diskussion drehte sich stets um die Begegnung der Religionen und Zivilisationen oder Kulturen. Der Papst hat diesen wichtigen Aspekt verstanden: dass Gespräche über Theologie nur zwischen Wenigen stattfinden können, aber jetzt ist sicherlich nicht die Zeit dafür zwischen dem Islam und dem Christentum. Stattdessen geht es darum, die Frage der Koexistenz konkret in den Bereichen Politik, Wirtschaft, Geschichte, Kultur, Sitten zu beantworten.

Eine weitere Tatsache scheint mir wichtig. In einem Gespräch, das am 25. Oktober 2004 zwischen dem italienischen Historiker Ernesto Galli della Loggia und dem damaligen Kardinal Ratzinger stattfand, unterstrich Letzterer die Bedeutung der Vernunft im christlichen Glauben, die von den Kirchenvätern als Erfüllung der Suche nach der Wahrheit in der Philosophie betrachtet wurde. Ratzinger verwies auf die Vernunft als Postulat und Bedingung des christlichen Glaubens, der sich als europäisches Erbe mit anderen Religionen friedlich und positiv messen könnte. Eines der Argumente gegen einen Gottesbegriff in der europäischen Verfassung lautete, wir dürften nicht Muslime und Gläubige anderer Religionen beleidigen. Ratzinger zeigte auf, dass das Gegenteil wahr ist.

Das, was Muslime und Gläubige anderer Religionen seiner Auffassung nach vor den Kopf stößt, ist der Umstand, dass wir nicht über Gott oder unsere christlichen Wurzeln sprechen, sondern vielmehr Gott und allem Heiligen gegenüber mit Verachtung begegnen. Das trennt uns doch von anderen Kulturen und vereitelt die Gelegenheit einer Begegnung. Dies vermittele die Arroganz einer verminderten Vernunft, die wiederum fundamentalistische Reaktionen provoziere.

Was der Papst an den Muslimen schätzt

Lassen Sie uns den Gedanken der Begegnung mit anderen Kulturen vertiefen. Worin liegt die Wertschätzung Benedikts XVI. gegenüber der muslimischen Glaubensgemeinschaft begründet?

Der Papst bewundert im Islam die Gewissheit, die sich auf den Glauben stützt, die sich vom Westen abhebt, wo alles relativiert wird. Zudem bewundert er im Islam den Sinn für das Heilige, der dem Westen anscheinend abhanden gekommen ist. Er hat verstanden, dass sich ein Muslim nicht durch ein Kruzifix beleidigt fühlt oder überhaupt durch religiöse Symbole: Das ist in der Tat eine laizistische Polemik, die das Religiöse aus der Gesellschaft zu beseitigen versucht. Muslime fühlen sich vielmehr durch die säkularisierte Kultur angegriffen und von der Tatsache, dass Gott und die Werte, die sie mit Gott verbinden, aus dieser Zivilisation nach und nach verschwinden.

Dies ist auch meine Erfahrung, wenn ich von Zeit zu Zeit mit Muslimen, die in Italien leben, ins Gespräch komme. Sie sagen mir: Dieses Land bietet alles, wir können leben, wie wir wollen, aber leider gebe es keine „Prinzipien", wie sie es nennen. Der Papst hat dafür ein gutes Gespür und sagt: Lasst uns zur menschlichen Natur zurückkehren, basierend auf der Vernunft, auf dem Gewissen, das uns eine Vorstellung von den Menschenrechten vermittelt. Lassen Sie uns auf der anderen Seite die Vernunft nicht auf etwas Verarmtes reduzieren, aber lasst uns das Religiöse in die Vernunft integrieren. Das Religiöse ist Teil der Ratio.

Der Dialogstil Papst Benedikts XVI. – Wahrheit in Liebe

Inwiefern sehen Sie denn Unterschiede zwischen dem Dialog, den sein Vorgänger führte, und Papst Benedikt XVI.?

Meiner Meinung nach unterscheidet sich Benedikt XVI. hinsichtlich des Dialogverständnisses, der Gesten und der Wortwahl von Papst Johannes Paul II. Zunächst einmal hat dieser Papst die Vision des Vorgängers enger eingegrenzt. Für Johannes Paul bedeutete Dialog mit dem Islam quasi offen zu sein für die Zusammenarbeit in allem, einschließlich des Gebets. Benedikt konzentriert sich auf wesentliche Punkte: Theologie ist nicht das, was zählt, zumindest nicht in diesem Stadium der Geschichte. Was für ihn vielmehr zählt, ist die Tatsache, dass der Islam die Religion ist, die sich stärker entwickelt und so immer mehr zu einer Gefahr für den Westen und die Welt werden kann.

Die Gefahr liegt nicht im Islam im Allgemeinen begründet, sondern in einer bestimmten Vision des Islam, die nie offen auf Gewalt verzichtet, sondern Terrorismus und Fanatismus erzeugt. Auf der anderen Seite will er den Islam nicht auf ein sozio-politisches Phänomen reduzieren. Der Papst hat zutiefst die Zweideutigkeit des Islam verstanden. Und sein Vorschlag lautet: Wenn wir eine gemeinsame Basis finden wollen, müssen wir vom religiösen Dialog abkehren und uns auf die humanistischen Grundlagen dieses Dialogs besinnen, denn nur diese sind universell und werden von allen Menschen geteilt. Humanismus ist eine universeller Faktor; Glaubensrichtungen können hingegen zu Zusammenprall und Zerwürfnis führen.

Terrorismus und Gewalt werden innerhalb dieser Position niemals gerechtfertigt. Manchmal greifen die Menschen auf eine Art von Relativismus zurück und sagen, es gäbe ja in allen Religionen Gewalt, auch unter den Christen, oder Gewalt als Gegengewalt sei gerechtfertigt. Nein, dieser Papst hat nie Anspielungen in diese Richtung gemacht. Andererseits hat er nie ein Verhalten an den Tag gelegt, das in bestimmten christlichen Kreisen im Westen zu finden ist und sich durch Gutmenschentum sowie Schuld-Komplexe auszeichnet. Schon mehrfach haben Muslime den Papst darum gebeten, für die Kreuzzüge, den Kolonialismus, für Missionare, Cartoons und anderes um Vergebung zu bitten. In diese Falle ist er nicht getappt, weil er genau weiß, dass dies für den Dialog nicht konstruktiv, sondern vielmehr zerstörerisch genutzt würde.

Das ist die Erfahrung, die wir nun einmal mit der muslimischen Welt gemacht haben: Sämtliche große Gesten, die sehr großzügig und zutiefst spirituell waren und auf die Bitte um Vergebung für vergangene Vorkommnisse abzielten, wurden von den Muslimen benutzt, um mit dem Westen abzurechnen. Sie sagen: Hier erkennt ihr es ja sogar selbst an, dass ihr schuldig seid. Solche Schuldbekenntnisse bleiben einseitig und aus dem historischen Kontext herausgelöst.

Er unterscheidet auch deutlich im Gespräch mit Muslimen zwischen Politik und Religion. Das wurde zum Beispiel deutlich, als er in der neuen Katholischen Universität Madaba in Jordanien 2009 eine Ansprache hielt oder bei der Begegnung mit dem saudischen König Abdullah sowie im Vorfeld des katholisch-muslimischen Forums im Dezember 2008, als er eine Diskussion über theologische Fragen ausklammern und stattdessen lieber die Menschenrechte auf der Tagesordnung sehen wollte.

Auch hinsichtlich der Gesten sind Unterschiede zum Vorgänger auszumachen. Dazu nenne ich ein Beispiel: Johannes Paul küsste bei seinem Syrienbesuch im Mai 2001 in der Omaijaden-Moschee von Damaskus den Koran. Darauf reagierten die Christen im Libanon, wo ich mich zu dem Zeitpunkt aufhielt, sehr ablehnend. Sie sagten, dass es psychologisch für die Muslime bedeute, dass es ein Buch Gottes sei. Sicher meinte er damit aber nichts Dogmatisches. Vielmehr wollte er wohl sagen, er achte ein Buch, das die Muslime verehren. Dabei bedachte er nicht die mögliche Interpretation. So etwas hätte Papst Benedikt nicht getan.

Ein anderer Punkt ist Assisi. Für uns im Orient war es nicht deutlich, ob die Religionen dort zusammen oder einzeln beten, obwohl es zwar tatsächlich kein gemeinsames Gebet war. Andere Menschen haben bedauert, dass der damalige Joseph Kardinal Ratzinger nicht bei dem interreligiösen Gebet dabei war. Nun hat Papst Benedikt für Oktober 2011 zum dritten Assisi-Treffen eingeladen und er wird dabei sicher eigene Akzente setzen. Zudem bin ich, wie schon vorher gesagt, froh, dass Benedikt XVI. im Fernsehen sichtbar für die ganze Welt mit Magdi Allam einen ehemaligen Muslim getauft hat, denn so zeigt er, dass die Konversion ein universales Menschenrecht ist. Er zeigt ganz eigene, für ihn charakteristische Gesten. Als er 2006 in der Türkei eine Moschee besuchte, hat er etwas Wunderschönes getan, indem er dort die Arme ausbreitete und betete. Die Leute bei uns sagten damals: „Er hat islamisch gebetet". Aber was ist denn falsch daran, wenn er auf diese Weise das Vaterunser in der Moschee betet? Er war eingeladen zu beten und folgte der Einladung, weil er den Islam nicht auf die Politik reduziert. Er betete ohne Zweideutigkeit, ohne Verwirrung zu stiften. Diese Geste zeigte den Muslimen die wahre Bedeutung der Rede von Regensburg.

Ich merke auch, dass er noch nie von der abrahamitischen Familie gesprochen hat. Ich glaube, dass er weiß, dass dieser Ausdruck schillernd ist und ihn bewusst meidet. Diesen Begriff hat der katholische Islam-Forscher Louis-Ferdinand Massignon, der 1962 starb, sehr gefördert und er wird seither häufig verwendet. Aber die jeweilige Beziehung von Juden, Christen und Muslimen zu Abraham unterscheidet sich voneinander. Und darin liegt das Problem. Der Koran bezeichnet Abraham als *sharif,* als Muslim.

Die Begriffsunklarheit erschwert jedes interreligiöse Gespräch bei diesem Begriff, wie auch der Ausdruck „Buchreligionen". Er stammt aus dem Koran, heißt darin *ahl al-kitab,* und bezieht sich auf Juden und Christen. Er wird heute verwendet, um auf die schriftlich fixierte Offenbarung als Glaubensgrundlage zu verweisen. Das

Problem dabei ist, dass ich als Christ nicht glaube, dass der Koran offenbart wurde. Darüber hinaus folge ich nicht einem Buch, sondern Jesus Christus nach. Zudem gibt es noch weitere Religionen, deren Grundlagen in einem Buch festgehalten sind, beispielsweise die Upanishaden der Hindus.

Dieser Papst, da bin ich mir sicher, wird nie eine zweideutige Formulierung verwenden. Er ist ein großer Theologe und ein Theologe muss sehr, sehr vorsichtig sein, was die Bedeutung der Begriffe betrifft. Dieser Papst schaut sehr auf den Inhalt, weniger darauf, welchen Eindruck die Leute davon bekommen. Er ist ein Intellektueller, der nach dem handelt, was er gemäß seiner Prinzipien für richtig hält. Der Vorgänger war mehr Politiker.

Der christlich-islamische Dialog gewinnt demnach weiter an Profil. Wer diese Entwicklung nur oberflächlich betrachtet, könnte den Eindruck gewinnen, heikle Fragen würden nun eher ausgespart. Problemen auszuweichen ist aber etwas, was man diesem Papst noch nie vorwerfen konnte ...

Nein, sein Naturrechtsverständnis enthält auch Punkte, die sehr wohl für Zündstoff sorgen. Dazu lohnt es sich, an die Ansprache des Papstes vor dem marokkanischen Botschafter am 20. Februar 2006 zu erinnern, in der er auf den Respekt vor den Überzeugungen und religiösen Praktiken der anderen zu sprechen kam. Dieser sollte auf Gegenseitigkeit beruhen, und die Ausübung der frei gewählten Religion sollte allen Menschen in allen Gesellschaften garantiert sein. Dies sind zwei kleine, aber sehr wichtige Aussagen über die Gegenseitigkeit religiöser Freiheitsrechte zwischen westlichen und islamischen Ländern und über die Freiheit, seine Religion zu wechseln, was im Islam verboten ist. Das Schöne daran ist, dass der Papst dies auszusprechen wagte: Auf dem politischen Parkett und in der kirchlichen Welt haben die Menschen oft Angst, solche Dinge vorzubringen. Es reicht schon, wenn man mitbekommt, wie still es wird, wenn die Rede auf die Verstöße gegen die Religionsfreiheit in Saudi-Arabien kommt.

Ich mag diesen Papst wirklich, seine Ausgeglichenheit, seine Klarheit. Er macht keine Kompromisse: Er setzt weiterhin auf die Notwendigkeit, das Evangelium im Namen der Vernunft zu verkünden und dadurch lässt er sich nicht von denen beeinflussen, die Angst haben und vor vermeintlichem Proselytismus warnen. Der Papst bittet nur ohne Unterlass um Garantien dafür, dass der christliche Glaube als Angebot vorgestellt werden darf und die Menschen sich frei damit auseinandersetzen dürfen.

Wie fügt sich denn die Einberufung der Nahostsynode, die im Oktober 2010 in Rom stattfand, in seine Auseinandersetzung mit dem Islam ein?

Um das zu beantworten, möchte ich zunächst näher auf Ergebnisse der Synode eingehen. So ging es zentral um die Beziehungen zwischen Christen und Muslimen, ausgehend von der Frage, warum so viele Christen auswandern. Angesichts einer zunehmenden islamischen Radikalisierung in den nahöstlichen Gesellschaften spitzt sich die Konfrontation zwischen den Religionsgemeinschaften immer weiter zu. Den Christen wird unterstellt, dem Westen näher zu stehen. Das Leben der christlichen Minderheiten wird durch diese gespannte Lage zunehmend schwieriger. Die Ausgangssituation war schon nicht leicht. Wir haben nicht von Verfolgung gesprochen, weil dieser Begriff schwer einzugrenzen ist. Es steht aber fest, dass die Christen vielerorts in der Region einer Diskriminierung ausgesetzt sind. Zusätzlich gibt es natürlich auch wirtschaftliche und politische Gründe für die Migration, weil infolge von Krieg und Revolutionen die Situation nirgends wirklich stabil ist.

Die Synodenväter kamen zu dem Schluss, dass der Dialog mit den Muslimen wichtig ist und bleibt. Es geht nicht nur darum, dass die Christen in der Region ihre Heimat sehen. Vielmehr sind wir überzeugt, dass wir dort eine Mission von Gott gegenüber den muslimischen Brüdern und Schwestern haben, als Zeugen des Evangeliums. Und der Titel, die der Papst der Synode gegeben hatte, lautete wiederum: Die katholische Kirche im Nahen Osten: Gemeinschaft und Zeugnis. Was bedeutet das im Kern? Es bedeutet Liebe und Vergebung.

Ein weiterer Aspekt ist, dass wir Christen in Gemeinschaft mit den Muslimen eine menschenwürdige Gesellschaft aufbauen sollen, zusammen Probleme wie Armut und Ungerechtigkeit angehen sollten, die wir teilen. Wir müssen diese miteinander lösen, nicht gegeneinander. Dabei dürfen auch Nicht-Gläubige nicht ausschließen, gerade weil die Muslime dazu tendieren zu sagen, mit denen könnten sie nicht zusammenarbeiten. Die Christen sind aber überzeugt, dass man niemanden ausschließen darf.

Wenn ich nun diese Ergebnisse mit der Vision des Papstes in Verbindung bringe, so glaube ich, dass diese angesprochene Zusammenarbeit ganz klar auch in seinem Sinne ist. Dass wir gemeinsam eine menschlichere Gesellschaft aufbauen sollten, auf der Basis der Menschenrechte, war bei der Synode häufig zu hören. Das ist auch ein Hauptanliegen Benedikts. Zudem haben wir auch einen Ausdruck von ihm übernommen, den der positiven Laizität. Er hat diesen Begriff in Paris im September 2008 verwendet, bei seiner Ansprache im Collège des Bernardins. Er beinhaltet keine säkularisierte Gesellschaft, sondern eine Gesellschaft, die für alle Menschen offen ist. Die Religion ist dabei nicht nur Privatsache, sondern mit ihrer Hilfe wird auch die Gesellschaft gestaltet.

Ein letzter, aber wesentlicher gemeinsamer Punkt ist die Freiheit des Gewissens, eine echte und umfassende Religionsfreiheit und die Mission, die Pflicht, das Evangelium zu verkündigen, auch an die Muslime. Wir waren dabei auch stark von ihm inspiriert.

Der Papst – ein Fundamentalist?

Nun wird dem Papst allein schon aufgrund der Tatsache, dass er seinen Glauben für wahr hält, Fundamentalismus vorgeworfen – und dies eben nicht nur am Stammtisch, sondern seitens gefragter Kommentatoren. Was entgegnen Sie darauf?

Ich glaube, dass die Position des Papstes folgende ist: Benedikt ist selbstverständlich davon überzeugt, dass seine religiöse Tradition die Beste ist, wenn auch andere Schönes enthalten. Er wäre sonst als bewusster Mensch zu einer anderen Überzeugung gekommen. Trotzdem ist er voll des Respekts gegenüber Vertretern anderer Religionsgemeinschaften. Nur weil er Relativismus ablehnt, vertritt er noch keinen Fanatismus.

Ökumenische Streitfragen und der Dialog mit dem Islam

Christen im Okzident und im Orient

Der Dialog der Kulturen schließt auch orientalische und orthodoxe Christen mit ein. Wo sehen Sie denn Bruchstellen zwischen Christen im Westen und Christen im Orient?

Im Westen besteht das Problem nicht darin, dass sie katholische oder protestantische Christen sind, sondern darin, dass die meisten keine Christen sind. Im Osten können die Muslime dies nicht behaupten. Ich nehme Ägypten als Beispiel: Die Kopten sind sehr religiös, sie fasten sogar fünfmal mehr als die Muslime. Selbst wenn sie in der Fastenzeit essen, fasten sie, weil sie in der Fastenzeit auf Milch, Eier und Fleisch verzichten. Im muslimischen Fastenmonat Ramadan hingegen muss die Regierung Nahrungsmittel wie Zucker und Öl importieren und subventionieren. Lange Zeit am Tag bis zum Sonnenuntergang wird nicht gegessen, aber am Abend wird besser und mehr gegessen, als sonst den ganzen Tag über.

Ich kann mich an ein Gespräch mit Muslimen in der Kairo-Universität erinnern, die einräumten, dass die Kopten während ihrer Fastenzeit wirklich Verzicht üben. Eine Frau sagte sogar: „In unserem Viertel lebte ein alter Imam, ein Sufi, der sagte immer, wir haben uns von der Religion entfernt. Unser Ramadan hat keinen Sinn mehr, weil die Nacht gegessen und getrunken wird. Dabei ist die Nacht dazu da, den Koran zu rezitieren."

Das Problem mit den westlichen Christen hingegen ist, dass sie keine Praxis mehr haben. Die Muslime können sie nicht mehr als Christen erkennen. Sie argumentieren, dass ihnen zwar Polygamie vorgehalten werde, es jedoch im Westen mit der Sexualmoral sehr viel schlechter bestellt sei. Sie sehen dabei einige Fälle von Promiskuität und verallgemeinern das. Sie fragen sich, wann die Christen beten oder noch zur Kirche gehen. Die Kritik der Muslime, die sie gegen die Christen im Westen erheben, ist die, dass ihre Zivilisation einfach heidnisch ist, das Christentum ende im Heidentum. Und das ist natürlich für Muslime das Schlimmste. Sayyid Qutb, dessen Korankommentar zur geistigen Grundlage aller islamischer Terroristen wurde, sah den Westen als die neue *Jahiliya,* als Reich der Ignoranz. Mohammed war seinerzeit gekommen, um diesen Zustand zu beenden, das Heidentum zu bekämpfen.

Das Miteinander von Katholiken und Orthodoxen am Beispiel Ägypten

Wie wirkt sich denn diese Minderheitensituation der Christen im Orient auf die örtliche Ökumene aus?

Das hängt sehr von der Kultur ab, mehr als von der Religion.

In einem Land wie dem Libanon, wo die Kultur weltoffener ist, wo Christen und Muslime zusammen am gemeinsamen Projekt arbeiten und die Beziehung zwischen beiden Religionsgemeinschaften gut bis sehr gut ist, funktioniert das interkonfessionelle Miteinander unter den Christen ebenfalls besser.

In Ägypten aber gehören die meisten Christen der koptisch-orthodoxen Kirche an. Daneben gibt es rund 200.000 Katholiken des koptischen Ritus sowie ein paar Zehntausende Chaldäer, Maroniten und eine vierstellige Zahl von Anhängern des lateinischen Ritus. Die Qualität des Miteinander hängt also nicht von den Katholiken, sondern von den Orthodoxen ab. Und sie befinden sich in einer Situation, in der sie die Regierung und die Muslime als Gegner wahrnehmen, was teilweise zutrifft, nicht so auf die Regierung, aber auf das Establishment. Sie sind, psychologisch betrachtet, in einer Verteidigungsposition. Manche sehen etwa in den Katholiken Vertreter des Westens, obwohl diese nicht westlicher sind als die Orthodoxen.

Wir Katholiken sagen aber, dass wir mit allen arbeiten, die dazu bereit sind. Um ein Zeichen zu setzen und einen Schritt auf unsere Glaubensbrüder zuzutun, haben wir, die koptisch-katholischen Christen 1973, als sich Patriarch Schenuda III. und Papst Paul VI. trafen, beschlossen, Ostern mit den Orthodoxen und Weihnachten mit den Katholiken zu feiern. Bei der koptisch-orthodoxen Kirche hat sich seither noch nichts in diese Richtung bewegt, denn sie feiert weiterhin Weihnachten am 7. Januar. Die Begründung lautet fortlaufend: „Unsere Leute sind noch nicht bereit." Auf unsere Frage hin, was versucht wurde, die Menschen des koptisch-orthodoxen Bekenntnisses darauf vorzubereiten, hat Patriarch Schenuda nie geantwortet.

Können Sie da noch mehr Beispiele nennen?

Ein anderes Beispiel: Ein ökumenischer theologischer Kongress mit mehr als 100 Theologen fand statt. Dabei kam die Rede darauf, unsere Handschriften als religiöses und kulturelles Erbe zu digitalisieren. Eine Gesellschaft zeigte sich bereit, 20 Millionen Seiten zu digitalisieren. Seitens der koptisch-orthodoxen Kirche hieß es dann, dass sie dies federführend übernehmen wollte, innerhalb der kommenden drei Jahre. Das liegt nun mehr als zehn Jahre zurück und nichts ist bislang in Angriff genommen worden. Dieses Vorgehen ist letztlich kulturell bedingt.

Stimmt es gar, dass unter den Konfessionen in Ägypten die Taufen nicht einmal anerkannt werden?

Wir, die koptischen Katholiken, wir erkennen die Taufe selbstverständlich an, aber Patriarch Schenuda sagt, die katholische Taufe gelte nicht für die koptisch-orthodoxe Kirche. Wenn eine Katholikin einen orthodoxen Mann heiraten will, muss sie noch einmal getauft werden. Das Oberhaupt der koptisch-orthodoxen Christen hat eine eigene Theologie, nach der er argumentiert, dass sie zwar auf den Namen Christi getauft sei, aber nicht in seiner [Papst Schenudas, Anm. M.K.] Kirche.

Das ist ja ungeheuerlich und wäre etwa in Deutschland zwischen Katholiken und Protestanten unvorstellbar ...

Ja, natürlich, das ist theologisch klar und war es immer. Im Orient sind Mischehen ganz normal. Ich wüsste nicht, dass es in meiner Familie zum Beispiel überhaupt jemals ein Paar gab, bei dem beide derselben Konfession angehörten. Im Orient gibt es eine allgemeine, ungeschriebene Regel, dass sich die Konfession der Familie zunächst nach der des Mannes richtet. Oftmals ist die Frau katholisch und der Mann orthodox. Sie muss dann neu getauft werden, als Erwachsene.

Man hätte doch gedacht, dass dort, wo der Druck der muslimischen Mehrheitsgesellschaft größer ist, die Christen näher zusammenkommen.

Ja, das denkt man. Ich versuche zu erklären, warum dies nicht so ist. Es ist die Haltung: „Wir müssen im Turm bleiben, um uns zu verteidigen". Alle sind dabei Feinde, nicht nur die Muslime, auch die Christen anderer Konfessionen. Leider ist das schon zu einer neuen Theologie geworden. Ehrlich gesagt, die katholische Kirche ist meistens aufgeschlossen, in allen orientalischen Ländern. Aus orthodoxer Sicht geht das oft zu weit. Wir versuchen aber einen mittleren Weg zu finden und das ist traditionell so. Zum Beispiel haben alle katholischen Kirchen ihre liturgischen Texte reformiert, entweder um die Sprache zu verändern oder zu erneuern. Auch sind die liturgischen Feiern gekürzt worden, weil der Sonntag in Ägypten nicht frei ist. Die katholischen Kirchen, gleich welchen Ritus, sind flexibler. Sie sind natürlich auch kleiner und können schneller handeln.

Sie sprechen immer von Patriarch Schenuda. Er selbst bezeichnet sich aber doch als Papst Schenuda?

Das ist eine Neuerung, obwohl natürlich auch mit Recht gesagt werden kann, dass man schon in griechischen Schriften aus dem 4. Jahrhundert für die beiden Stühle, Rom und Alexandria, das Wort *Papas* findet. Aber wenn wir etwa die arabischen Schriften der koptischen Kirche nehmen, kommt darin nie das Wort *Baba,* arabisch für Papst, vor, sondern immer Patriarch. Auch heißt die Geschichte der koptischen Oberhäupter „Geschichte der Patriarchen".

Das gemeinsame Zeugnis der Christen

Das Motto der Sondersynode der Bischöfe aus dem Nahen Osten, die vom 10. bis 24. Oktober im Vatikan tagte und an der Sie beteiligt waren, lautete: „Die katholische Kirche im Nahen Osten: Gemeinschaft und Zeugnis". Das heißt doch sicher auch, gegenüber anderen Religionsgemeinschaften Zeugnis abzulegen?

Ja, das ist wichtig für uns und für die muslimische Mehrheit. Die nahöstlichen Verfassungen enthalten jeweils mindestens eine Passage gegen den Proselytismus. Jeder Muslim ist aber dazu angehalten, missionarisch zu wirken. In keinem islamischen Land ist die Religion von der Politik getrennt. Im Ramadan etwa müssen alle Menschen fasten, auch die Christen. Wehe, wenn aber ein Christ fragt: „Hast du das Evangelium gelesen?" In vielen Ländern würde er dann im Gefängnis landen, in Algerien, Marokko, Libyen sowie Mauretanien und in allen Staaten der arabischen Halbinsel, nicht zu sprechen von Pakistan.

Aber auch die Christen sind vom Evangelium her dazu verpflichtet, zu missionieren. Die Bischöfe in manchen islamischen Ländern haben offen bekannt, dass sie keine Mission betreiben. Als ich einmal in Rabat war, kam es deswegen zum Konflikt. Ich gab dort acht Tage lang Exerzitien. Die Schwestern dort teilten mir eines Tages mit, dass ein Mann mit mir sprechen wolle. Ich traf ihn und er sagte mir, dass er getauft werden möchte. Daraufhin haben wir eine halbe Stunde miteinander geredet und ich lobte ihn: „Ich bin erstaunt, wie gut Sie das Evangelium kennen." Dann sagte er mir, dass er sich bereits 14 Jahre zuvor zum Christentum bekehrt habe. Jedoch habe ihn noch niemand, den er gefragt habe, taufen wollen. Ich dachte zunächst, er verwechselt da etwas. Wir haben dann vereinbart, uns ein paar Tage darauf noch einmal zu treffen.

Ich habe das daraufhin dem Bischof vorgetragen, am Abend darauf, als ich bei ihm zum Essen eingeladen war. Es herrschte plötzlich Stille am Tisch, an dem auch der Generalvikar und der Finanzreferent des Bistums saßen. Ich dachte zunächst, sie hätten mich nicht richtig verstanden und wiederholte noch einmal: „Er sagt, er bitte seit 14 Jahren um die Taufe und die Kirche habe dies abgelehnt." Daraufhin platzte der Generalvikar heraus: „Ja, natürlich haben wir das. Du kommst aus Ägypten hierher und hast keine Ahnung von Marokko und der Situation hier." Ich habe daraufhin heftig reagiert und es ist eine harte Diskussion entbrannt, in deren Verlauf sie behaupteten, die Taufe sei nicht mehr heilsnotwendig.

Zurück zur Synode: Die Christen haben dasselbe Recht wie diejenigen Muslime, die sagen, sie wollen Europa islamisieren. Die Frage sollte doch eher lauten, *wie* ich nicht missionieren darf, indem ich etwa Druck ausübe, mit Unheil drohe oder mit Geld locke. Ich rate aber jedem, zunächst in dieser multikulturellen und multireligiösen Welt seinen eigenen Glauben zu entdecken. Nur so kann ich auch lernen, die anderen Kulturen und Religionen zu achten.

Was können denn die Menschen aus dem Westen und aus dem Orient voneinander lernen und welche Rolle spielen dabei besonders die Christen in Nahost?

Ich glaube, dass die Christen im Orient da eine Brücke bilden zwischen der westlichen Welt durch unseren Glauben und der islamischen Welt durch unsere arabische Kultur. Manchmal sage ich, dass ich religiös Christ bin, aber kulturell Muslim. Durch die arabische Sprache ist ein großer Teil der islamischen Kultur auch meine. Politisch und gesellschaftlich gesehen sind wir ein Volk. Wir befinden uns an der Schnittstelle beider Kulturen.

Ich selbst fühle mich als Ägypter, der auch im Libanon zu Hause ist, der sich in verschiedenen europäischen Kulturen wohlfühlt. Sowohl die orientalische als auch die westliche Kultur verstehe ich und setze mich mit beiden Kulturen auch kritisch auseinander. Durch die westliche Kultur habe ich gelernt, kritisch zu sein, was in der arabischen Kultur selten ist. Was für mich gilt, gilt auch für einen großen Teil der Christen im Orient.

Ich wünschte mir diese kritische Methode auch in meiner arabischen Kultur. Wenn ich im Westen bin, sage ich, dass ich ihre Position gegenüber dem Islam verstehe, es aber andere Aspekte gibt. Und wenn ich im Orient bin, sage ich dasselbe: „Ich verstehe Ihre Position gegenüber dem Westen, aber schauen Sie, wie sie für die Menschenrechte eintreten und Flüchtlinge aufnehmen." Natürlich gibt es auch Rassismus dort, aber die Einstellung gegenüber Ausländern ist doch wesentlich besser im Okzident als im Orient.

Selbst im Libanon, in einem relativ aufgeschlossenen arabischen Land, sind die Migranten aus Sri Lanka, von den Philippinen und aus dem Sudan nicht sehr willkommen. Nur die Kirchen versuchen, diese Menschen zu verteidigen. In Europa gibt es immerhin Leute, die um die Rechte der Ausländer kämpfen. Auch fragen die Europäer nicht nach der Religion oder der Herkunft, bevor sie bei Katastrophen helfen. Das sehe ich bei uns nicht – und unter uns leben sehr reiche Leute. Ich versuche immer, beide Seiten zu zeigen.

Christen vereint als Brückenbauer

Können denn die Christen, die in der Region in der Minderheit sind, als Brückenbauer zwischen Juden und Muslimen fungieren?

Es ist schwierig, das muss ich sagen. Früher war die Situation der Juden in der islamischen Welt akzeptabel und teilweise sogar gut. Ich kann mich noch an die in den vierziger Jahren gut besuchte Synagoge in Kairo erinnern, wo ich aufgewachsen bin. Sie befand sich ganz in der Nähe unseres Hauses. Mit der Entstehung Israels hat sich alles geändert, da die Muslime große Schwierigkeiten haben, Religion von Politik zu unterscheiden. Die Mehrheit unterscheidet nicht zwischen Juden und Israelis. Die Unterscheidung zwischen Religion und Staat sehe ich aber auch nicht auf israelischer Seite.

Bei den Christen jedoch ist die Vermischung von Religion und Politik weitgehend unbekannt. Ich sage dazu, dass es sich beim Nahostkonflikt um eine politische Frage handelt, auch wenn es Querverbindungen zu religiösen Fragen gibt. Die Position der Christen, vorgelebt durch Jesus Christus, ist hier ist für gewöhnlich die, dass die Lösung nicht Krieg sein kann. Es gibt nur den Dialog. Und die Christen sind oft diejenigen, die versuchen, zwischen Islam und Judentum eine Brücke zu bauen. Dies ist nicht leicht, denn dabei gilt es oft auch, Anhänger der eigenen Religionsgemeinschaft zu überzeugen.

So gibt es einige Christen, die anti-jüdisch eingestellt sind. Es sind dies im wesentlichen die Anhänger der Syrischen Partei PPS im Libanon, die damit in der Tradition des orthodoxen Parteigründers stehen. Ich bekomme fast täglich einen langen Brief, in dem der Verfasser mich davon zu überzeugen versucht, dass das Alte Testament kein religiöses Buch sei und nicht von Gott kommen könne. Er bestreitet, dass das Judentum eine Religionsgemeinschaft ist. Zu Beginn habe ich noch darauf geantwortet und wir haben darüber diskutiert, was nichts half. Der größte Teil der Christen bei uns aber unterscheidet zwischen Israel und Juden. Wir glauben sehr wohl, dass das Alte Testament von Gott inspiriert ist, jedoch nicht der Koran. Darin sind einige sehr aggressive Verse gegen die Juden enthalten, einer der bekanntesten darunter besagt, Gott habe sie in Schweine und Affen verwandelt.

Andererseits gab es auch schon unter Juden und Muslimen herausragende Beispiele dafür, Religion und Politik trennen zu können ...

Jeder vernünftige Mensch muss einräumen, der Krieg bringt nur eine Katastrophe – für uns und für die anderen. Das hat etwa Präsident Sadat wunderbar verstanden und dafür mit seinem Leben bezahlt. Ich erinnere mich noch, wie ich in Minya [Stadt in Oberägypten, Anm. M. K.] war und im Fernsehen seinen Auftritt in der Knesset sah. Er begann mit den Worten *Bismillah* – Im Namen Gottes – und hielt dann inne. „Ergänze das, du Frevler", riefen die Leute neben mir. Er hat nicht gesagt *Bismillah ar-rahman ar-rahim* – Im Namen des Gottes, des Barmherzigen und des Gnädigen. Er wollte nicht als Muslim dort sprechen, sondern einfach nur als Gläubiger. Ich habe das in diesem Fall so interpretiert. So eine Haltung, wenn sie unter anderen politischen Führern eingenommen wird, kann uns einigen. Ich glaube, das ist der Weg.

Gesetze, vom Schöpfergott ins Herz der Menschen eingeschrieben

Ein gemeinsames Fundament von Prinzipien

Wozu kann uns diese Haltung denn konkret inspirieren?

Bei der Konferenz von Oasis [der vor einigen Jahren vom Patriarchen von Venedig, Angelo Kardinal Scola gegründeten Stiftung, Anm. M. K.] im Juni 2010 im Libanon sagte ich, es sei dringend, dass Muslime und Christen gemeinsam eine Liste über menschliche Prinzipien erstellten, für die sie in ihren Schriften eine starke Grundlage finden. Es ist einfacher, wenn dazu zunächst nur die Vertreter zweier Weltreligionen zusammenarbeiten. Ich bin sicher, dass wir zwischen beiden Religionen gemeinsame Prinzipien finden, und anschließend auch Nichtgläubige einladen können, diesen Katalog über Frieden, Krieg, Freiheit und ihre Schranken zu teilen.

Auf der Ebene der Vereinten Nationen und des Europarats, der eine Reihe muslimischer Mitgliedsstaaten umfasst, gibt es bereits einige wesentliche Dokumente, die ethische Prinzipien in Rechtskatalogen zusammenfassen. Haben wir nicht eher zu viele solcher Übereinkünfte?

Es gibt in der Tat viel, aber die Dokumente bleiben den Muslimen letztlich fremd. Solange die Artikel nicht im Koran und in der islamischen Tradition wurzeln, werden sie nicht angenommen. Theoretisch bejahen heute alle die Menschenrechte, jedoch jeder nur nach seiner Fasson.

Die Kairoer Erklärung der Menschenrechte im Islam von 1990 ist ein Katalog, der die islamische Rechtstradition der Scharia berücksichtigt. Er unterscheidet sich, ebenso wie die jüngere Arabische Charta für Menschenrechte von 2004, deutlich von der Allgemeinen Erklärung der Menschenrechte von 1948, die immerhin faktisch alle muslimischen Staaten formal anerkennen. Tut sich da nicht eine Kluft zwischen dem abendländischen Naturrechtsverständnis, im Westen bereits hart von rechtspositivistischen Ansätzen bekämpft, und der Scharia auf?

Ja, eindeutig. Die islamischen Erklärungen stellen alle Artikel unter den Vorbehalt der Scharia, weswegen es letztlich leere Bekenntnisse sind. Ich glaube, dass wir eine ethische, philosophische Bewegung brauchen, in der jeder seiner eigenen Tradition gemäß ehrlich zu allgemeingültigen Sätzen gelangt. Ich bin sicher, dass dies möglich ist. Es bedeutet zwar viel Arbeit, aber wenn nur eine Gruppe arbeitet, das vorher diskutiert und erweitert, kommen wir weiter. Die Zeit drängt, eine gemeinsame Basis zu erarbeiten, denn während früher die Kriege um Territorien geführt wurden, geht es heute neben wirtschaftlichen Gründen um Weltanschauungen.

Warum eignet sich denn unser Naturrechtsverständnis dennoch als Dialogbasis?

Die Suche nach einer gemeinsamen Grundlage mit anderen Religionen ist eine christliche Tradition. Sie stützt sich nicht auf die Bibel, denn dies würde Nicht-Gläubige ausschließen. Im Naturrecht sind die Gebote als Naturgesetze gesehen, die als eine gemeinsame Ethik auch von Atheisten akzeptiert werden.

In einer Rede vor der Internationalen Theologischen Kommission im Oktober 2006 sprach der Papst vom natürlichen Sittengesetz, um „die Grundlagen einer universalen Ethik zu rechtfertigen und zu erläutern, die zum großen Erbe der menschlichen Weisheit gehört und dem vernünftigen Geschöpf erlauben, am Gesetz Gottes teilzuhaben". Und da es von jedem vernünftigen Wesen zu fassen sei, biete es die Grundlage für einen Dialog mit allen Menschen guten Willens und der Zivilgesellschaft.

Zudem gebietet es der gegenseitige Respekt, zu sagen: Ihr habt eure eigenen religiösen Prinzipien und ihr habt das Recht, sie zu formulieren, aber ihr könnt mich nicht dazu zwingen, diese als für mich gültig anzuerkennen. Diese Idee finden wir so auch im Koran: „Euch euer Glaube, und mir mein Glaube." (Sure 109:6) Das sagte Mohammed, der Prophet der Muslime, zu den Andersgläubigen in Mekka. So werden die Menschenrechte zum Prüfstein, weil das wahrhaft Gemeinsame zwischen Katholiken und Muslimen, zwischen allen Menschen, unsere menschliche Natur ist. Mit diesem kollektiven Prinzip als gemeinsamer Grundlage ist es gleichgültig, ob Dogmen oder religiöse Überzeugungen nun geteilt oder nicht geteilt werden.

Die Früchte von Regensburg

Eine gute Chance für den Dialog ist hingegen im Nachhall der Regensburger Rede entstanden. Lassen Sie uns dazu noch einmal auf den Brief der 138 Islamgelehrten zu sprechen kommen, da Sie sich ja damit gründlich auseinandergesetzt haben. Wie war denn seinerzeit Ihre Einschätzung, als dieser im Oktober 2007 – es war damals das Ende des Ramadan – herauskam? Es war eine Antwort auf die Regensburger Rede, von der ja in Deutschland Theologen fortgesetzt behaupten, der Papst habe mit derselben dem Dialog mit dem Islam geschadet.

Trotz der heftigen Reaktionen und wütenden Demonstrationen hatten zunächst nur wenige Muslime den Text der Rede gelesen. Es waren nur einige Sätze bekannt, die aus dem Zusammenhang gerissen worden waren. Ich war in Beirut zu einer Diskussion mit einem Imam eingeladen, mit einer Direktübertragung nach Teheran. Er behauptete, die Ansprache in Arabisch zu kennen. Dabei war ich damals aber erst gerade dabei, eine offizielle Übersetzung anzufertigen. Ich hatte jedoch die Gelegenheit, den gesamten Text zu erklären und die Reaktion aus Teheran war am Ende ziemlich positiv.

Das Ziel der Papstes ist ein universaler Austausch. Wenn wir diesen führen wollen, dann muss er auf der Grundlage von Logik und Vernunft aufbauen. Das ist das, was Benedikt sagen wollte. Und die Vernunft muss mit Ethos und Spiritualität verbunden sein. Es heißt ja auch *oblatio rationabilis,* was mit „geistliche Opfergabe" übersetzt wird und im Griechischen *logike latreia* ist. Das Wort *logikos,* oder auf Latein *rationabilis,* in diesem Satz, der von Paulus kommt (Römer 12,1), bedeutet eigentlich „geistlich". Gott ist Vernunft *(Logos)* und alles, was mit Gott verbunden ist, ist geistlich *(logikos).* Er hat mich davon überzeugt, dass dieser Ansatz der Wichtigste ist. Wir beobachten aber im Orient, dass zu Gewalt gegriffen wird, um Gott zu verteidigen. Benedikt sieht aber in dem Begriffspaar Gott und Gewalt einen Gegensatz. Und an den Westen gerichtet betont er, die Vernunft nicht vom Geistlichen zu trennen. Der Papst lud noch im selben Monat nach der Rede die Botschafter aller islamischen Länder ein und erklärte noch einmal die Aussagen seiner Ansprache. Und das brachte eine Besserung in die aufgeregte Situation.

Der erwähnte Brief ist in der Tat Teil eines ganzen Prozesses. Dieser begann mit dem Schreiben der 38 im Jahr 2006, der alles erst einmal beruhigen sollte. Das Schreiben an den Papst und an christliche Führer ein Jahr darauf war ein erster positiver Schritt in Richtung Dialog, jedoch noch nicht universell und konkret genug. Das Grundprinzip, das aus ihrer Sicht beide Religionen miteinander verbinde, lautete: Liebe zu dem Einen Gott und die Liebe gegenüber dem Nachbarn.

Die Tatsache, dass die Unterzeichner im Vergleich zu dem ersten Schreiben muslimischer Gelehrter ein Jahr zuvor deutlich zugenommen hat, ist bemerkenswert: Aus 38 waren nun 138 geworden. Sie repräsentieren mehr als 43 Nationen, muslimische, aber vor allem auch westliche Staaten. Unter ihnen sind große Muftis, das heißt oberste Rechtsautoritäten eines Landes, religiöse Führer, Wissenschaftler und Gelehrte.

Abgesehen von Vertretern der beiden großen Gruppen Sunna und Schia, gab es darunter auch Vertreter von kleineren Gruppen, Sekten und auch verschiedener Bewegungen, zum Beispiel die meisten Mystiker derjenigen Richtungen, die Sufis, die im Westen stark vertreten sind. Auch zum Beispiel die Ismailiten, ein Zweig der Schiiten, oder die schiitische Rechtsschule der Jafariten, und die Ibaditen, ein eigenständiger Zweig des Islam, der vor allem im Oman vertreten ist.

Dies deutet auf eine Ausdehnung des Konsenses innerhalb eines bestimmten islamischen Bereichs hin, ein Schritt in Richtung, was der Islam *ijmaa,* „Konsens" übersetzt, nennt. Nach muslimischer Tradition stützt sich jeder Glaubensbegriff auf drei Quellen: den Koran, die mohammedanische Tradition, also die Hadithen über Sprüche und Leben Mohammeds, den Gemeinschaftskonsens, mit anderen Worten *ijmaa:* Dieser dritte Punkt bis jetzt noch nie wirklich untersucht worden. Eigentlich gibt es eine tiefe Spaltung in der islamischen Welt: An einem Tag sagt ein Imam eine Sache, am nächsten Tag sagt er etwas anderes.

In diesem Brief wird nicht behauptet, unter allen Muslimen herrsche Übereinstimmung, aber er zeigt eine abgestimmte Entwicklung hin zu einem gewissen Konsens. Diese Konvergenz kam unter der Schirmherrschaft des Königs von Jordanien und der Aal-el-Bayt-Stiftung zustande, übersetzt Stiftung „Familie des Propheten des Islam", die der Onkel des Königs, Prinz Hassan, leitet. Dieser Mann repräsentiert heute das Beste des Islam, was Reflexion, Offenheit und Hingabe betrifft. Obwohl er selbst ein frommer und gläubiger Muslim ist, heiratete er eine Hindu, die nicht konvertieren musste. Das ist im heutigen Islam sehr ungewöhnlich, obwohl die Konversion der Ehefrau überhaupt nicht im Koran vorgeschrieben wird.

Vor allem ist positiv hervorzuheben, dass der Brief äußerst repräsentativ ist, aus einer breitgefächerten Gruppe. Der Brief ist auch repräsentativ, weil sich die Absender damit an die gesamte christliche Welt richteten. Die Liste der Adressaten ist sorgfältig ausgearbeitet und vollständig: Neben dem Papst sind alle östlichen christlichen Traditionen darunter vertreten, die Patriarchen der chalzedonischen und vorchalzedonischen Kirchen, dann die protestantischen Kirchen und schließlich der Ökumenische Rat der Kirchen. Das zeigt doch deutlich, dass hinter diesem Schreiben jemand steht, der das Christentum versteht und die Geschichte der Kirche kennt.

Was fällt denn inhaltlich an dem Brief auf?

Dieser Brief kann als eine Fortsetzung des ersten Schreibens angesehen werden, in dem abschließend zu lesen war, beide Seiten müssten auf der Grundlage der Liebe zu Gott und zum Nächsten zu einer Übereinkunft kommen. Und das heißt nun, die Gelehrten möchten auf dieser Grundlage sämtliche Beziehungen zwischen Islam und Christentum aufbauen. Im Koran gibt es Texte, die dem Christentum klar widersprechen, aber sie wählten Stellen, die der christlichen Religion näher stehen. Interessant dabei ist, dass das

Vokabular, das sie benutzen, ein christliches ist und kein muslimisches. Analysiert man den ersten Teil des Schreibens, in dem es um die Liebe zu Gott geht, so würden dies Christen bei genauerer Betrachtung als Gehorsam gegenüber Gott übersetzen. Aber die Autoren haben es so genannt, um an das christliche Vokabular anzuknüpfen. Dies ist wirklich ein Novum. Möglicherweise wollten die Absender auf die erste Enzyklika Papst Benedikts *Deus caritas est* anspielen. In jedem Fall zeigt es den Wunsch, sich an einem christlichen Duktus zu orientieren, auch wenn dabei die Gefahr besteht, dass aus demselben Wort zwei unterschiedliche Bedeutungen abgeleitet werden. So mischen sich in dem Brief christliche Ausdrücke unter Wendungen aus dem Koran.

In einem Koranvers heißt es zur Toleranz: „Und hätte Allah gewollt, Er hätte euch alle zu einer einzigen Gemeinde gemacht, doch Er wünscht euch auf die Probe zu stellen durch das, was Er euch gegeben. Wetteifert darum miteinander in guten Werken. Zu Allah ist euer aller Heimkehr; dann wird Er euch aufklären über das, worüber ihr uneinig wart" (Al-Ma'idah, Sure 5:48).

Diese Sure ist die vorletzte in chronologischer Reihenfolge im Koran. Dies bedeutet, dass dies nicht annulliert worden, oder, nach der islamischen Theorie der Koraninterpretation, durch eine andere aufgehoben ist. Dieser Vers ist von grundlegender Bedeutung, denn darin heißt es, dass unsere religiöse Vielfalt von Gott bestimmt ist. „Wetteifert darum miteinander in guten Werken". Diese Worte zeigen einen Weg für den Dialog. Dieser Abschluss des Briefs ist wirklich schön gewählt, weil es bedeutet, dass wir zusammen leben können trotz unserer Unterschiede, und dass die Unterschiede von Gott gewollt sind.

Was ist denn aus diesem aufkeimenden Prozess bislang erwachsen?

Als Reaktion auf das Schreiben meinte der Papst, es wäre gut sich zu treffen. Es kam auch eine Begegnung mit König Abdullah ibn Abd al-Aziz Al Sa'ud von Saudi-Arabien zustande. Erstmals in der

Geschichte trafen ein saudischer König und ein Papst zusammen. Es gab nur ein fünfzeiliges Kommuniqué im Anschluss, das aber sehr tiefgründig war. Daraus ging hervor, dass alle drei monotheistischen Religionen viele gemeinsame Anliegen haben, wie etwa Familie, ethische Prinzipien und Spiritualität sowie vor allem die Zusammenarbeit für Gerechtigkeit und Frieden. Bei der Begegnung m November 2007 herrschte ein herzliches Klima und die Rede war nicht nur von Muslimen und Christen, sondern auch ausdrücklich von den Juden, die bei der Zusammenarbeit für gemeinsame Werte mit einbezogen werden sollten. Das ist einmalig und wurde ausgerechnet durch den König von Saudi-Arabien unterstützt.

Nur die Erklärung des Vatikans erwähnte die „positive und fleißige Präsenz der Christen" in Saudi-Arabien, womit die bis zu 2,5 Millionen Migranten ohne jegliche religiöse Rechte gemeint sind. Immerhin bot das Treffen überhaupt erst einmal die Gelegenheit, sie zu nennen. Zeichen der Offenheit und Toleranz folgten seitens des Königs bei der innermuslimischen Konferenz in Mekka im Juni 2008 und bei der interreligiösen Konferenz im Juli desselben Jahres.

Der Papst antwortete durch Kardinalstaatssekretär Tarcisio Bertone auf einen Brief von Prinz Ghazi bin Mohammed von Jordanien und erklärte sich zu einem Treffen bereit, bei dem Themen erörtert werden sollten, die nicht theologisch sind. Darauf reagierte der libysche Philosoph Aref Ali Nayed und forderte vehement, die Theologie ins Zentrum des Austauschs zu stellen. Anliegen wie Freiheit und Menschenrechte sollten vor der UNO behandelt werden, argumentierte er. Eine Delegation aus Jordanien reiste dann nach Rom, um mit Kardinal Tauran und seinem Team über ein Programm zu sprechen. Sie vereinbarten ein erstes Treffen für Dezember 2008 in Rom.

Diese Tagung war sehr sorgfältig vorbereitet, einschließlich der gemeinsamen Abschlussrede. Unerwartet meldeten einige Muslime dann doch Protest gegen Punkt 5 an, in dem es um die Religionsfreiheit ging. Beinah wäre dadurch am Ende keine gemeinsame Erklärung zustande gekommen. Es war ein zähes Ringen, mit Sitzungen tief in die Nacht hinein. Am Ende – wir hatten schon die Hoffnung aufgegeben – stimmten die Muslime dann doch zu. Wir haben so gesehen, wie schwer ihnen dies fällt, obwohl da Teilnehmer von hohem intellektuellen Niveau mitwirkten. Wir beschlossen dann, uns alle zwei Jahre wiederzusehen.

Im Jahr 2010 sollte es wieder stattfinden, in Jordanien. Einen Termin haben wir zur Zeit [Anfang 2011, Anm. M. K.] noch nicht. Um die Frage, ob eher über Theoretisches debattiert werden sollte oder über ganz praktische Anliegen wie die Menschenrechte, dauert die Auseinandersetzung an. Zudem wurde das letzte Abschlussdokument in der muslimischen Welt kaum gelesen.

Nimmt die Bereitschaft zum Dialog auf muslimischer Seite vielleicht derzeit ab? Es gab im Januar 2011 ja Schwierigkeiten mit den islamischen Gesprächspartnern der ägyptischen Universität Al Azhar ...

Ich denke, dass es zu reichlich Missverständnissen gekommen ist, die es zu klären gilt. Nehmen wir ein Beispiel: Als der Papst die Nahost-Synode vom Oktober 2010 angekündigt hatte, hieß es von muslimischer Seite, es stehe ein neuer Kreuzzug bevor. Alle Bischöfe aus dem Nahen Osten und der islamischen Welt kommen zusammen, um einen Angriff gegen die Muslime und aggressive Mission zu planen, so meinte man. Das Problem lag dabei schlicht darin, dass sie keine Ahnung hatten, was eine Synode ist.

In der islamischen Welt ist so etwas immer politisch motiviert: Wenn es dort ein Problem gibt, kommen die Staatsoberhäupter der islamischen Länder zusammen. Sie schließen daraus auf das Handeln des Vatikan. Sie wissen nicht, wie wir strukturiert sind.

Zudem gilt es oftmals auch organisatorische Hürden zu nehmen und interne Auseinandersetzungen innerhalb der islamischen Delegation zu schlichten. So erhalten wir oft erst in letzter Minute eine Bestätigung, ob das Treffen zustande kommt oder nicht.

Was erwarten Sie denn für Impulse aus Assisi, nachdem Papst Benedikt XVI. am Neujahrstag 2011 – ein Vierteljahrhundert nach dem ersten – nun das dritte interreligiöse Treffen für Oktober einberufen hat?

Einer der Punkte, auf die der Papst wert legt, ist die Vermeidung von Zweideutigkeit. Am ersten Assisi-Treffen nahm er damals als Kardinal nicht teil, weil er Verwirrung vermeiden wollte. Es sollte vor der Welt nicht der Eindruck entstehen, dass es gleichgültig sei, welcher Religion die Menschen angehörten und dass jeder Weg zu Gott führe. Auch die Muslime wollen in ähnlicher Weise nicht missverstanden werden, auch sie halten den Ihrigen für den ausschließlichen Weg zu Gott. In diesem Jahr möchte der Papst zu einer der größten Versammlungen von Religionsvertretern einladen, dabei aber zugleich eine klare Haltung einnehmen, Wahrheit in Liebe.

Die gemeinsamen Herausforderungen

Der Umstand, dass eine Reihe von modernen Problemen wie etwa bioethische Fragen zu Beginn oder Ende des menschlichen Lebens bereits in Fatwas behandelt wurde, zeigt doch, dass die Auseinandersetzung mit den modernen Herausforderungen im Islam schon begonnen hat. Wie weit ist diese gediehen?

Es tauchen zunehmend mehr Fragen auf, auf die die traditionellen Schriften keine direkte Antwort geben können. Und das gilt für alle Religionen. Die Antworten müssen demnach aus der Interpretation abgeleitet werden.

In den moderneren Gesellschaften sind die Probleme ja bereits präsent, wie etwa im Libanon, wo viele Frauen, die nicht schwanger werden können, über künstliche Befruchtung nachdenken. Dort ist es traditionell immer noch sehr wichtig, viele Kinder zu haben und zudem kann Kinderlosigkeit ein Scheidungsgrund sein. Ich weiß von einer Privatklinik in Beirut, in der die Liste der Frauen, die um so eine Behandlung dort ersuchen, lang sein soll. Ein Imam hat sogar überprüft, ob diese aus islamischer Sicht in Ordnung ist und bestätigt, dass die künstliche Befruchtung der Eizelle der Frau im Reagenzglas mit der Samenzelle des eigenen Mannes mit dem Islam vereinbar sei. Dabei gilt der Schutz der Ehe als vorrangig. Es darf also nichts Fremdes in die Ehe kommen und beide müssen einverstanden sein.

Nach islamischer Auffassung wird der Fötus erst 40 Tage nach der Befruchtung beseelt. Diese Überzeugung wurzelt in antiken griechischen Vorstellungen. Als Konsequenz wird auch die Abtreibung innerhalb dieses Zeitraums durch Rechtsgutachten, sogenannte Fatwas, erlaubt. Dabei muss man bedenken, dass es im Islam nichts gibt, das dem Lehramt der katholischen Kirche vergleichbar wäre. Auch der Großmufti eines Landes kann seine Haltung in einer bestimmten Frage keinem anderen Islamgelehrten aufzwingen.

Was das Ende des Lebens betrifft, etwa bei dem Thema Euthanasie, so ist diese Problematik noch nicht sehr in der islamischen Welt verbreitet. Der Suizid ist bereits im Koran und in der islamischen Tradition eindeutig verboten. Die Begründung lautet, dass das Leben nur Gott gehört und kein Mensch das Recht hat, sein Leben zu Ende zu bringen. Wer seinem Leben selbst ein Ende setzte, sollte zur Strafe nicht einmal beerdigt werden, sondern sein Leichnam endete als Aas in der Wüste.

Islamische Rechtsgelehrte versuchen, die Antworten auf aktuelle ethische Fragen aus allgemeinen Prinzipien abzuleiten, die sie den Hadithen und dem Koran entnehmen. Durch die Beschäftigung mit diesen Fragen bewegt sich doch etwas hin zu mehr Interpretation.

Im Westen beobachten wir aber in verschiedenen Alltagssituationen Anpassungsschwierigkeiten von traditionsbewussten Muslimen, wie etwa beim Fernbleiben muslimischer Schülerinnen vom Schwimmunterricht. Welche Möglichkeiten gibt es denn, ohne große Konfrontation, die Situationen zu erleichtern?

Die Muslime haben große Schwierigkeiten, weil sie ihre heilige Schrift eben wenig interpretieren. Bei den Strafbestimmungen sagen sie zum Beispiel, dass sie diese nicht ändern können, wenn sie so geschrieben stehen. Es gibt liberale Muslime, die fragen, was ihnen Gott dadurch sagen wollte und suchen nach der Absicht hinter der Koranstelle. So gehen auch die meisten Christen und ein Teil des Judentums vor. Die überwältigende Mehrheit der Muslime tendiert leider zu einer traditionellen, wörtlichen Auslegung des Koran. Die Anhänger der Interpretation gehören meist kleineren islamischen Gemeinschaften an, wie etwa die Ismailiten.

Die Moderne betrachten viele Muslime einerseits als attraktiv, vor allem, wenn es um technische Errungenschaften geht. Andererseits gilt sie als gefährlich, wenn es Fragen der Harmonisierung der Glaubenspraxis mit dem modernen Leben betrifft. Nehmen wir als Beispiel das Gebet. Die Muslime sind dazu angehalten, fünf Mal am Tag zu festen Zeiten zu beten. Nun kommt die Frage auf, wie dieses Gebot mit dem modernen Arbeitsleben vereinbar ist.

Ich kann mich daran erinnern, als ich in Birmingham lehrte und ein Muslim fragte, ob er die Unterrichtsstunde verlassen könne, um zu beten. Ich verwies ihn auf die Pause und sagte ihm, er könne zwar gehen, aber bis zum Ende der Stunde nicht wieder herein kommen, weil sich sonst andere Kursteilnehmer auch nicht mehr an die vorgeschriebenen Zeiten halten werden. Es gibt auch die Möglichkeit, zwei Gebetszeiten zusammenzulegen.

Ein andermal bat mich eine Frau am Rande einer Konferenz in Paris über den Koran um Rat. Sie war alleinerziehende Mutter von zwei Kindern und zeigte sich darüber traurig, dass sie wegen ihrer Verpflichtungen zwischen Familie und Beruf oftmals nicht zum Gebet komme. Ich sagte ihr, dass ich mit der Zeit gelernt hätte, überall zu beten, wenn ich unterwegs bin, etwa auf der Straße, in der U-Bahn. Sie fragte: „Ist das Gebet?" Ich antwortete ihr: „Für uns ja, denn für uns ist Gebet, unser Herz zu Gott zu erheben, zu ihm zu sprechen und mit ihm die Fragen des Lebens zu besprechen. Ich lerne dabei, die Antwort Gottes zu hören, die jetzt oder vielleicht später in mein Herz kommt. Gott ist nie stumm." Die Frau antwortete. „Das mache ich, aber ich wusste nicht, dass dies Gebet ist."

Das zeigt, dass jeder seine Tradition hat. Wir kennen nicht nur das liturgische, sondern auch das freie Gebet. Die Frauen, die dabei standen, pflichteten mir bei, dass dies sehr schön sei und sie sich dies auch vornehmen wollten. Es stellt sich dabei aber die Frage, ob ein Imam dieselbe Antwort gegeben hätte. Dies wird doch eher selten vorkommen. Der Muslim, Abd an-Nur Bidar, mit dem ich bei der Konferenz diskutierte, stimmte mir aber auch zu. Er lehrt Philosophie und ist für seine offenen Ideen bekannt.

Eine andere Pflicht der Muslime ist das Fasten im Monat Ramadan. Das hat sich mit der Zeit auch in gewisser Weise geändert. Früher haben die Menschen weniger gearbeitet und mehr gefeiert. Oftmals passt diese Lebensweise nicht mehr zum modernen Alltag, zum Beispiel bei der Schichtarbeit. Dadurch kommt die Frage auf, wie die Gläubigen doch den Ramadan leben können. Noch heute wird in Ägypten der Arbeitstag gekürzt. In Beirut erlebe ich an der Uni, dass in dieser Zeit die Kurse oft ausfallen. Ich habe schließlich vorgeschlagen, das Fastenbrechen während der Kurses zu begehen und dazu belegte Brote und Getränke mitzubringen. So sind wir gemeinsam zu einer praktischen Lösung gekommen und die Studierenden konnten für ihr Examen lernen. An anderen Fakultäten kam es darüber zu keiner Einigung und der Unterricht fiel aus.

Oft kommt es vor, dass Muslime im Westen, wenn kein anderer Muslim hinschaut, nicht mehr fasten. Das finde ich schade. Auch da kam das Gespräch damals bei der Pariser Konferenz mit Bidar und den Frauen darauf. Ich vertrat die Auffassung, dass es wichtig sei, überhaupt zu fasten und zugleich die Bedeutung des Fastens zu verstehen, dass man lernt sich selbst zu kontrollieren, oder dadurch auch die Situation der Armen nachvollzieht. Letzteres ist eine islamische Vorstellung. Es geht um das Ziel, argumentierte ich, auch wenn sie nicht denselben Weg gehen können, weil sie anders leben und hart arbeiten. Auch da sagt Bidar, man müsse den Islam neu denken, um Lösungen für das moderne Leben zu finden.

Wieder ein weiteres Beispiel ist das Freitagsgebet. Im Westen kommt es zuweilen vor, dass der Platz für das Gebet nicht ausreicht und die Straße vor der Moschee blockiert wird. Das ist auch für die Muslime selbst nicht gut, die sich so der Kritik der Anderen aussetzen. Wir hatten ähnliche Probleme mit der Überfüllung bei den Katholiken noch vor Jahrzehnten, die dazu angehalten waren, Sonntagvormittag zur heiligen Messe zu gehen. Auch das hat sich geändert: Sonntagsgottesdienste werden inzwischen Sonntags zu allen Tageszeiten und Samstags als Vorabendmesse angeboten. Die Muslime kennen das für ihr Freitagsgebet noch nicht und auch nicht die Kopten im übrigen, wo man nicht am selben Tag zwei Messen in einer Kirche feiern darf. Es wäre denkbar, diesen Wandel auf den Islam zu übertragen und für den Freitag zwei Gebetszeiten kurz aufeinander einzuführen.

Ich glaube, für die Muslime wäre es wichtig, zu schauen, was wirklich wesentlich ist und welche tiefere Bedeutung die jeweilige Pflicht hat, um zu erkennen, wie diese heute noch erlangt werden kann, obwohl die Situation eine ganz andere ist als im 7. Jahrhundert. Das gilt etwa auch für die Ehe. Heute gibt es nur noch sehr wenig Polygamie, weil sie doch an bestimmte Bedingungen geknüpft ist. Der Mann muss genug Geld haben, um in der Lage zu sein, zwei Familien zu ernähren, bevor er eine zweite Frau ehelicht. In Tunesien etwa ist die Monogamie gesetzlich verankert. Das sind alles Beispiele, die zeigen, dass der Islam, wenn er mit der Moderne oder auch mit westlichen Kulturen konfrontiert ist, Lösungen finden kann.

Es wäre zudem wünschenswert, wenn viele Muslime zu differenzieren lernten, denn nicht alles, was aus dem Westen kommt, sollte angenommen werden. Da muss man zu manchem „nein" sagen, weil es hier einen moralischen Verfall gibt. Das Problem besteht heute häufig darin, dass von einem Extrem in das andere gewechselt wird.

Wir haben uns in diesem Gespräch intensiv mit der diesseitigen Rolle des Islam auseinandergesetzt. Abschließend erlauben Sie mir die Frage: Welche Rolle könnte denn der Islam im Heilsplan Gottes spielen?

Ich denke, dass es für uns Christen ein Anreiz ist, uns auf die Grundlage von allem zurückzuführen: Gott ist der Einzige, die letzte Wirklichkeit – was die fundamentale jüdische und christliche Bestätigung ist, die durch den Koran in der schönen Sure 112 aufgegriffen wird: „Ja, Gott ist der Einzige! Gott ist der Undurchdringliche!" Es ist eine Bekräftigung, die inzwischen fast in Vergessenheit geraten ist. Der Islam erinnert uns daran, dass Christus, Zentrum des christlichen Glaubens, immer in Beziehung mit dem Vater ist, um in der Einheit zu bleiben – auch wenn es im Koran nicht gelungen ist, zu verstehen, was der Heilige Geist ist.

Wir werden jeden Tag von Muslimen über unseren Glauben befragt, und dies führt uns dazu, ihn ständig aus der Perspektive des Islam zu überdenken. Ich danke Muslimen für ihre Kritik, solange sie sie aus der Haltung der Reflexion äußern, und nicht, um zu streiten. Ich würde sagen, das Gleiche gilt für Fragen der Christen. Die Berufung der Christen des Orients ist es, mit den Muslimen zu leben, ob wir es wollen oder nicht. Es ist eine Mission!